Л.Н. Андреев

ДВА ПИСЬМА
Рассказы о любви

Книга для чтения с заданиями
для изучающих русский язык как иностранный

B2

РУССКИЙ ЯЗЫК
КУРСЫ

МОСКВА

2017

УДК 811.161.1
ББК 81.2 Рус-96
А65

Адаптация текста, комментарий: *Еремина Н.А.*
Задания: *Старовойтова И.А.*

Андреев, Л.Н.

А65   Два письма. Рассказы о любви: Книга для чтения с заданиями / Л.Н. Андреев. — М.: Русский язык. Курсы, 2017. — 80 с. — (Серия «КЛАСС!ное чтение»)

ISBN 978-5-88337-610-7

В книге представлены рассказы известного русского писателя начала XX века Л.Н. Андреева.

Это рассказы о страстной любви, побеждающей всё. Такая любовь не подчиняется здравому смыслу и правит людьми по своим законам.

Текст рассказов адаптирован (B2), сопровождается комментарием, заданиями на понимание прочитанного и на развитие речи. В книге приводятся наиболее интересные факты из жизни Л.Н. Андреева.

УДК 811.161.1
ББК 81.2 Рус-96

ISBN 978-5-88337-610-7

Содержание

Предисловие

Эта книга включена в серию «КЛАСС!ное чтение». В серию вошли произведения русских классиков, а также известных современных писателей. Тексты произведений адаптированы с расчётом на разные уровни обучения РКИ (А1, А2, В1, В2, С1).

В данном издании представлены рассказы известного русского писателя начала XX века Л.Н. Андреева.

Это рассказы о страстной любви, побеждающей всё. Такая любовь не подчиняется здравому смыслу и правит людьми по своим законам.

В книге приводятся наиболее интересные факты из жизни Л.Н. Андреева. Текст рассказов адаптирован (В2). Перед текстом помещён список слов, значение которых можно проверить в словаре (если они вам незнакомы). После рассказов дан комментарий (в тексте обозначен *), а также предлагаются вопросы и тестовые задания на понимание прочитанного, на развитие речи и задания, помогающие повторить грамматические формы, актуальные для данного уровня обучения.

Издание адресовано иностранцам, изучающим русский язык и интересующимся русской литературой.

Эта книга будет полезна всем, кто хочет совершенствовать свой русский язык.

Андреев Леонид Николаевич

(1871—1919)

Леонид Николаевич Андреев родился в городе Орёл* в семье служащего. Уже в детстве будущий писатель проявил интерес к литературе. Первое образование получил в гимназии* родного города, где учился с 1882 по 1891 год. Окончив гимназию, Л.Н. Андреев поступил на юридический факультет Петербургского университета. Его семья всегда была хорошо обеспечена. Но когда отец скончался, в жизни Л.Н. Андреева наступил сложный период. Не хватало средств. В 1893 году Л.Н. Андреев был исключён из университета, потому что не мог больше оплачивать обучение; но вскоре он переводится в Московский университет на ту же специализацию. По окончании университета (1897) становится помощником присяжного поверенного* в суде.

В это же время появляются его первые журналистские работы в газетах «Московский вестник» и «Курьер». Его первый рассказ «Баргамот и Гараська» (1898) был напечатан в газете «Курьер». Талант молодого писателя был замечен Максимом Горьким*, который пригласил его в издательство «Знание»*. Л.Н. Андреев стал известен после рассказа «Жили-были» (1901). В том же году издательство «Знание» опубликовало первый сборник рассказов Л.Н. Андреева. Успех писателя, особенно среди молодёжи, был огромен.

Л.Н. Андреев был поэтической, романтической, эмоциональной натурой, был оригинальным и противоречивым мыслителем, создавшим свой неповторимый художественный мир.

В начале 1900-х годов Л.Н. Андреев становится самым известным писателем в стране. В эти годы появляются рассказы «Бездна», «В тумане», «Мысль» (1902), «Жизнь Василия Фивейского» (1903), «Красный смех» (1905), «Губернатор» (1906), «Тьма» (1907), «Рассказ о семи повешенных» (1908) и многие другие. Помимо большого количества рассказов, созданных в разное время, Л.Н. Андреев написал 20 пьес (с 1905 по 1917 год издавал не менее одной пьесы в год), 3 повести и 4 романа, один из которых, «Дневник Сатаны», так и не был окончен. Роман вышел после смерти писателя.

В 1917 году писатель жил с семьёй на даче в Финляндии и в декабре, после получения Финляндией самостоятельности*, оказался в эмиграции.

12 сентября 1919 года Л.Н. Андреев скоропостижно скончался в Финляндии на даче у своего друга — врача и литератора Ф.Н. Фальковского от порока сердца. Писатель был похоронен в Финляндии. В 1956 году перезахоронен в Ленинграде. В Орле, на его родине, открыт Дом-музей Леонида Андреева.

Леонид Николаевич Андреев — прозаик, драматург, публицист, один из самых ярких представителей в русской литературе начала XX века.

Если эти слова (в тексте они выделены) вам незнакомы, посмотрите их значение в словаре.

Безво́льно
беспоща́дный
бо́дрый
бубе́нчик

Возбуждённый

Гнев

Жгу́чий

Запыла́ть, пыла́ть
зна́тный

Изму́ченный
изумле́ние
изя́щный
и́ней

Кинжа́л
клони́ться
ковыля́ть
костюме́рная
кружевно́й, кру́жево

Лоску́т

Мольба́
мона́х
му́ки, му́ка

Отвраще́ние
отте́нок
отча́яние

Паж
пёстрый

по́за
покрови́тельство
порха́ющий

Равноду́шный

Сверка́ющий
скала́
стона́ть
стру́йка, струя́

Торопи́ть
тоска́

Физионо́мия

Ша́ркающий

Щипа́ть

Смех

I

В полови́не седьмо́го я был уве́рен, что она́ придёт, и мне бы́ло о́чень ве́село. Пальто́ моё бы́ло застёгнуто на оди́н ве́рхний крючо́к и раздува́лось от холо́дного ве́тра, но хо́лода я не чу́вствовал; голова́ моя́ была́ го́рдо отки́нута наза́д, и студе́нческая фура́жка* сиде́ла совсе́м на заты́лке. Глаза́ мои́ по отноше́нию к встреча́вшимся мужчи́нам выража́ли *покрови́тельство*, по отноше́нию к же́нщинам — *вы́зов* и *ла́ску*: хотя́ уже́ четы́ре дня я люби́л одну́ то́лько её. Но я был так мо́лод, что оста́ться соверше́нно *равноду́шным* к други́м же́нщинам я не мог. И шаги́ мои́ бы́ли бы́стрые, сме́лые, *порха́ющие*.

Без че́тверти семь пальто́ моё бы́ло застёгнуто на две пу́говицы, и я смотре́л то́лько на же́нщин, но без *вы́зова* и *ла́ски*, а скоре́е с *отвраще́нием*. Мне нужна́ была́ то́лько одна́ же́нщина — остальны́е то́лько меша́ли и свои́м ка́жущимся схо́дством с ней придава́ли мои́м движе́ниям неуве́ренность. И без пяти́ мину́т семь мне ста́ло жа́рко.

Без двух мину́т семь мне сде́лалось хо́лодно.

Ро́вно в семь я убеди́лся, что она́ не придёт.

В полови́не девя́того я представля́л собо́й са́мое жа́лкое существо́ в ми́ре. Пальто́ бы́ло застёгнуто на все пу́говицы, воротни́к по́днят, и фура́жка надви́нута на посине́вший нос; во́лосы на виска́х, усы́ и ресни́цы беле́ли от *и́нея*, и зу́бы слегка́ посту́кивали друг о дру́га. По *ша́ркающей* похо́дке и согну́той спине́ меня́ мо́жно бы́ло приня́ть за ещё *бо́дрого* старика́, возвраща́ющегося из госте́й в богаде́льню*.

8

И всё это сделала — она! О чёрт... нет, не надо: может быть, и не пустили, или она больна, или умерла. Умерла! — а я ругаюсь.

II

— Там сегодня и Евгения Николаевна, — сказал мне товарищ, студент, он не мог знать, что я ждал Евгению Николаевну на морозе от семи до половины девятого.

— Вот как!.. — глубокомысленно ответил я, а в душе выскочило: «О чёрт...»

Там — это на вечере у Полозовых. Полозовы — это люди, у которых я никогда не бывал. Но сегодня я там буду.

— Сеньоры*! — весело крикнул я. — Сегодня Рождество; сегодня все веселятся — будем веселиться и мы.

— Но как? — грустно отозвался один.

— Но где? — спрашивал другой.

— Нарядимся и будем ездить по всем вечерам, — решил я.

И им, этим бесчувственным людям, действительно стало весело. Они кричали, прыгали и пели. Они благодарили меня и считали количество наличных денег. А через полчаса мы собирали по городу всех одиноких, всех скучающих студентов. И, когда нас набралось десять весело прыгающих чертей, мы поехали в парикмахерскую, — она же костюмерная, — и наполнили её холодом, молодостью и смехом.

Мне нужно было что-нибудь мрачное, красивое, с *оттенком изящной грусти*, и я попросил:

— Дайте мне костюм испанского дворянина*.

9

Вероя́тно, о́чень э́то был дли́нный дворяни́н, пото́му что́ в его́ пла́тье я скры́лся весь без оста́тка и почу́вствовал себя́ уже́ соверше́нно одино́ким, как в большо́м и безлю́дном за́ле. Сняв костю́м, я попроси́л что́-нибудь друго́е.

— Не хоти́те ли кло́уна? *Пёстрый, с бубе́нчиками.*

— Кло́уна! — презри́тельно вскри́кнул я.

— Ну банди́та. Вот така́я шля́па и *кинжа́л.*

Кинжа́л! — э́то мне подойдёт. К сожале́нию, банди́т, с кото́рого да́ли мне пла́тье, едва́ ли дости́г совершенноле́тия. Верне́е всего́, э́то был испо́рченный мальчи́шка лет восьми́. Его́ шля́пка не покрыва́ла моего́ заты́лка, а ба́рхатные брю́ки бы́ли мне ко́ротки. *Паж* не годи́лся — был весь в пя́тнах, как тигр. *Мона́х* был в ды́рах.

— Что же ты? По́здно! — *торопи́ли меня́* уже́ оде́вшиеся това́рищи.

Остава́лся еди́нственный костю́м — *зна́тного кита́йца.*

— Дава́йте кита́йца! — согласи́лся я, и мне да́ли кита́йца. Это бы́ло чёрт зна́ет что тако́е! Я не говорю́ уже́ о само́м костю́ме, о идио́тских цветны́х сапога́х, кото́рые бы́ли мне малы́. Промолчу́ я и о ро́зовом *лоскуте́,* кото́рый покрыва́л мою́ го́лову в ви́де парика́ и привя́зывался ни́тками к уша́м, отчего́ после́дние приподняли́сь и ста́ли, как у летучей мы́ши.

Но ма́ска!

У неё бы́ли нос, глаза́ и рот, и всё э́то пра́вильное, стоя́щее на своём ме́сте, но в ней не́ было ничего́ челове́ческого. Челове́к да́же в гробу́ не мо́жет быть так споко́ен. Она́ не выража́ла ни гру́сти, ни весе́лья, ни *изумле́ния* — она́ вообще́ ничего́ не выража́ла. Она́ смотре́ла на вас пря́мо и споко́йно — и вызыва́ла хо́хот. Това́рищи мои́ ката́лись от сме́ха по дива́нам, бесси́льно па́дали на сту́лья и маха́ли рука́ми.

— Это будет самая оригинальная маска, — говорили они.

Я чуть не плакал, но, когда я взглянул в зеркало, засмеялся и я. Да, это будет самая оригинальная маска.

— Ни в каком случае не снимать масок, — переговаривались товарищи по дороге. — Дадим слово.

— Слово! Слово!..

III

Действительно, это была самая оригинальная маска. За мной ходили целыми толпами, вертели меня, толкали, *щипали* — и когда *измученный*, я с *гневом* оборачивался к преследователям, — они начинали хохотать. Весь путь меня окружал хохот, и я не мог вырваться из этого кольца безумного веселья. Тогда я тоже начинал кричать, петь, плясать, и весь мир кружился в моих глазах, как пьяный. И как он был далёк от меня, этот мир! И как одинок я был под этой маской!

Наконец меня оставили в покое. С гневом и страхом, со злостью и нежностью я взглянул на неё и сказал:

— Это я.

Густые ресницы медленно и с удивлением приподнялись — и смех, звонкий, весёлый, яркий, как весеннее солнце, смех ответил мне.

— Да, это я. Это я! — повторял я и улыбался. — Почему вы не пришли сегодня?

Но она смеялась. Весело смеялась.

— Я так измучился. Так болит сердце, — с *мольбой* просил я ответа.

11

Но она́ смея́лась. Чёрный блеск её глаз поту́х, и всё я́рче станови́лась улы́бка. Это бы́ло со́лнце, но со́лнце *жгу́чее, беспоща́дное,* жёсткое.

— Что с ва́ми?

— Это вы? — проговори́ла она́. — Како́й вы... смешно́й!

Пле́чи мои́ опусти́лись, и так мно́го *отча́яния* бы́ло в мое́й *по́зе.* И пока́ она́ смотре́ла на мча́щиеся ми́мо нас молоды́е весёлые па́ры, я говори́л:

— Сты́дно смея́ться. Ра́зве за мое́й смешно́й ма́ской вы не чу́вствуете живо́го страда́ющего лица́ — ведь то́лько для того́, что́бы уви́деть вас, я наде́л её. Почему́ вы не пришли́?

Она́ поверну́лась ко мне — и жесто́ко засмея́лась. Задыха́ясь, почти́ пла́ча, закрыва́я лицо́ *кружевны́м* души́стым платко́м, она́ с трудо́м вы́говорила:

— Взгляни́те... на себя́. Сза́ди в зе́ркало... О, како́й вы!..

Сдвига́я бро́ви, сти́скивая от бо́ли зу́бы, с похоло́де́вшим лицо́м я взгляну́л в зе́ркало, — на меня́ смотре́ла идио́тски-споко́йная, равноду́шная, нечелове́чески неподви́жная *физионо́мия.* И я... я рассмея́лся. Ещё смея́сь, но уже́ с гне́вом и отча́янием, я заговори́л, почти́ закрича́л:

— Вы не должны́ смея́ться!

И, когда́ она́ зати́хла, я продолжа́л шёпотом говори́ть о свое́й любви́. И никогда́ я не говори́л так хорошо́, потому́ что никогда́ не люби́л так си́льно. О *му́ках* ожида́ния, о ядови́тых слеза́х безу́мной ре́вности и *тоски́,* о свое́й душе́ я говори́л. И я ви́дел, как, опуска́ясь, бро́сили ресни́цы густу́ю тень на побледне́вшие щёки.

Я ви́дел, как сквозь их ма́товую белизну́ *запыла́л* ого́нь и как всё ги́бкое те́ло *безво́льно клони́лось* ко мне. Она́ была́ оде́та боги́ней но́чи и, вся зага́дочная, оде́тая в чёрное кру́жево, *сверка́ющая* бриллиа́нтами звёзд, была́ краси́ва, как забы́тый сон далёкого де́тства. Я говори́л — и слёзы бы́ли у меня́ на глаза́х, и ра́достно би́лось се́рдце. И я уви́дел, уви́дел наконе́ц, как ми́лая, жа́лкая улы́бка раскры́ла её уста́*, и, дро́гнув, подняли́сь ресни́цы. Ме́дленно, боязли́во, с бесконе́чным дове́рием поверну́ла она́ ко мне голо́вку, и... Тако́го сме́ха я ещё не слы́шал!

— Нет, нет, не могу́... — почти́ *стона́ла* она́ и, заки́нув го́лову, сно́ва гро́мко смея́лась.

О, е́сли бы мне хоть на мину́ту да́ли челове́ческое лицо́! Я куса́л гу́бы, слёзы текли́ по моему́ разгорячённому лицу́, а она́, э́та идио́тская физионо́мия, в кото́рой всё бы́ло пра́вильно, нос, глаза́ и гу́бы, смотре́ла с ужа́сным равноду́шием. И когда́, ковыля́я на свои́х цветны́х нога́х, я уходи́л, я до́лго ещё слы́шал э́тот зво́нкий смех: как бу́дто с грома́дной высоты́ па́дала серебри́стая *стру́йка* воды́ и с весёлым пе́нием разбива́лась о твёрдую *скалу́*.

IV

Мы шли домо́й по со́нной у́лице, будя́ ночну́ю тишину́ бо́дрыми, *возбуждёнными* голоса́ми, и това́рищ мне говори́л:

— Ты име́л огро́мный успе́х. Я никогда́ не ви́дел, что́бы так смея́лись... Посто́й, что ты де́лаешь? Заче́м ты рвёшь ма́ску? Бра́тцы*, он с ума́ сошёл*! Гляди́те, он разрыва́ет свой костю́м! Он пла́чет!

1901

Если эти слова (в тексте они выделены) вам незнакомы, посмотрите их значение в словаре.

Верте́ться
визжа́ть
внеза́пно
восто́рг

Гне́вный, гнев

Закружи́ться
замере́ть

Капри́зничать
карта́вить

Мига́ть
могу́щество

Невиди́мка

Опроки́нутый
отча́янно
очарова́тельный

Подозри́тельный
портни́ха
пошевели́ться, шевели́ться
притворя́ться
про́волока
про́пасть
пусти́ть

Рыда́ть

Сара́й
сверка́ющий
скрипе́ть
скрыва́ть
сму́тно

сообрази́тельный
сор

Та́ять
терра́са
тоску́ющий

Ужа́сно

Цара́паться

Щеко́чущий, щекота́ть

Цветок под ногою

Имя его — Юра.

Ему было шесть лет; и мир для него был огромным, живым и неизвестным.

Он хорошо знал небо, его глубокую дневную синеву и белые облака, которые проплывают тихо: часто следил за ними, лёжа на спине среди травы или на крыше. Но звёзд полностью он не знал, так как рано ложился спать; и хорошо знал и помнил только одну звезду, зелёную и яркую. Она восходит на бледном небе перед самым сном и, по-видимому, на всём небе только одна такая большая.

Но лучше всего знал он землю во дворе, на улице и в саду со всем её богатством камней, травы, горячей пыли и того разнообразного и таинственного *сора*, которого совершенно не замечают люди с высоты своего огромного роста. И, засыпая, последним ярким образом от прожитого дня, он уносил с собою кусок горячего, залитого солнцем камня или толстый слой нежной, *щекочущей* пыли. Когда же с матерью он бывал в центре города, на его больших улицах, то, возвращаясь, лучше всего помнил широкие, плоские каменные плиты, на которых и шаги, и сами ноги его кажутся *ужасно* маленькими. И даже множество вертящихся колёс и лошадиных морд не так оставалось в памяти, как этот новый и необыкновенно интересный вид земли.

И всё было для него огромно: заборы, деревья, собаки и люди, но это нисколько не удивляло и не пугало его, а только делало всё особенно интересным,

превраща́ло жизнь в непреры́вное чу́до. По его́ пред-
ставле́нию предме́ты бы́ли таки́ми:

Оте́ц — де́сять арши́н*.

Ма́ма — три арши́на.

Сосе́дская зла́я соба́ка — три́дцать арши́н.

На́ша соба́ка — де́сять арши́н, как и па́па.

Наш дом одноэта́жный, но о́чень-о́чень высо́кий —
верста́*.

Расстоя́ние от одно́й стороны́ у́лицы до друго́й —
две версты́.

Наш сад и дере́вья в на́шем саду́ — невозмо́жно
изме́рить, они́ высоки́ бесконе́чно.

Го́род — миллио́н, но чего́ — неизве́стно.

Люде́й он знал мно́го, огро́мных и ма́леньких, но
лу́чше знал и цени́л ма́леньких, с кото́рыми мо́жно
говори́ть обо всём. Больши́е же вели́ себя́ так глу́по
и расспра́шивали о таки́х, всем изве́стных, ску́чных
веща́х, что приходи́лось то́же *притворя́ться* глу́пым и
карта́вить; и, коне́чно, хоте́лось как мо́жно скоре́е уйти́
от них. Но бы́ли над ним, и вокру́г него́, и в нём само́м
два соверше́нно осо́бенных челове́ка, одновреме́нно
больши́х и ма́леньких, у́мных и глу́пых, свои́х и чужи́х:
э́то бы́ли оте́ц и ма́ма.

Наве́рное, они́ бы́ли о́чень хоро́шими людьми́,
ина́че не могли́ бы быть отцо́м и ма́мой. С по́лной
уве́ренностью мо́жно бы́ло сказа́ть одно́: что оте́ц
о́чень большо́й и у́мный, облада́ет безграни́чным
могу́ществом и от э́того немно́го стра́шен. Интере́сно
быва́ет с ним поговори́ть о необыкнове́нных веща́х,
для безопа́сности вложи́в свою́ ру́ку в его́ большу́ю,
си́льную, горя́чую ладо́нь. Ма́ма же не така́я больша́я,
а иногда́ быва́ет совсе́м ма́ленькая; о́чень до́брая, она́
целу́ет не́жно, прекра́сно понима́ет, что э́то зна́чит,

когда болит животик, и только ей можно рассказать, когда устанешь от жизни, или станешь жертвой какой-нибудь жестокой несправедливости. И если при отце неприятно плакать, а *капризничать* даже опасно, то с нею слёзы приобретают необыкновенно приятный вкус и наполняют душу такою светлой грустью, какой нет ни в игре, ни в смехе, ни даже в чтении самых страшных сказок. Нужно добавить, что мама необыкновенная красавица, и в неё все влюблены; это и хорошо, потому что чувствуешь гордость, но это и немножко плохо: её могут отнять. И каждый раз, когда какой-нибудь мужчина долго смотрит на маму, — становится скучно и неспокойно. Хочется стать между ним и мамой. Иногда мама произносит нехорошую, пугающую фразу:

— Что ты всё *вертишься* тут? Иди играть к себе.

И тогда приходится уходить.

Пробовал он приносить с собой книжку или садился рисовать, но и это не всегда помогало: то мама похвалит его, что он читает, то опять скажет:

— Иди лучше к себе, Юрочка. Видишь, опять на скатерти воду разлил, всегда ты со своим рисованием что-нибудь наделаешь.

Но хуже всего, когда опасный и *подозрительный* гость только что пришёл, а Юре надо уже ложиться спать. Впрочем, когда он ложится в постель, появлялось чувство спокойствия и казалось, что всё уже кончилось: огни погашены, жизнь приостановилась, всё засыпает, и подозрительный гость также уснул или ушёл совсем.

Во всех этих случаях с подозрительными мужчинами Юра, хотя и *смутно*, но очень сильно, чувствует одно: что каким-то образом он заменяет собою отсутствующего отца. И это делает его необыкновенно *сообразительным*, умным и важным. Конечно, он никому об этом не говорит, так как никто его не поймёт, но в том, как он ласкается к явившемуся отцу и садится к нему на колени, чувствуется человек, до конца выполнивший свой долг. Бывает, что отец не поймёт его и отправит играть или спать, — Юра обиды не чувствует и уходит с огромным удовольствием. В понимании он как-то не особенно нуждается и даже немного боится его: иногда ни за что не скажет, почему он плакал, или притворится, что занят своим делом, а сам всё прекрасно слышит и понимает.

И уже есть у него одна страшная тайна: он заметил, что эти необыкновенные и *очаровательные* люди, отец и мама, бывают очень несчастны и *скрывают* это ото всех. Поэтому и он сам скрывает своё открытие и делает перед всеми вид, что всё прекрасно. Много раз он видел маму плачущей где-нибудь в уголке в гостиной или в спальне; детская его рядом со спальней, и однажды ночью, почти на рассвете, он слышал страшно *гневный* и громкий голос отца и плачущий голос матери. Он долго лежал тихонько, но потом стало так страшно от этого необыкновенного разговора ночью, что испугался и спросил няню:

— Няня, что они говорят?

И няня быстро, испуганным шёпотом ответила:

— Спи, спи. Ничего не говорят.

— Я к тебе пойду.

— Как не стыдно, такой большой, и с няней спать!

— Я к тебе пойду.

Так тихим голосом, страшно почему-то боясь, чтобы их не услышали, долго спорили они в темноте; и кончилось тем, что Юра перебрался-таки к няне, на её уютную и тёплую простыню.

Утром папа и мама были очень веселы, и Юра притворился, что верит им, и даже, кажется, действительно поверил. Но в тот же вечер, а может быть, и не в тот, а совсем в другой, он увидел отца плачущим. Это было так: он проходил мимо кабинета отца, и дверь была полуоткрыта, и что-то там слышалось, и он тихонько заглянул — отец лежал необыкновенно, животом вниз, на своём диване и громко плакал. И никого не было. Юра ушёл, повертелся в детской и снова вернулся: так же была полуоткрыта дверь, так же никого не было, и всё так же громко плакал отец. Если бы он плакал тихо, это ещё можно было бы понять; но он плакал громко, и зубы у него страшно *скрипели*. Лежал такой большой, прятал голову под широкие плечи, — и этого нельзя было понять. А на столе, на его большом столе, где было много карандашей, бумаги и других богатств, красным огнём горела лампа.

Вдруг отец громко, но как-то по-другому вздохнул и *пошевелился*; и Юра потихоньку ушёл. А потом всё было, как всегда, и так никто об этом и не узнал; но образ огромного, таинственного и очаровательного человека, которым был отец, но который в то же время громко плачет, остался в памяти у Юры, как что-то страшное и очень серьёзное. И если о другом просто не хотелось говорить, то об этом необходимо было молчать, как о святом и страшном, и в молчании ещё больше любить отца. Но любить его нужно было так, чтобы он этого не замечал, а вообще же делать вид, что жить на свете очень весело.

И всё это получилось у Юры: отец так и не заметил, что он его любит особенно, а жить на свете было действительно весело, так что не нужно было притворяться.

Из души́ тяну́лись ни́ти ко всему́, к со́лнцу, к тем прекра́сным и зага́дочным ви́дам с высоты́ желе́зной кры́ши. Когда́ си́льно и души́сто па́хла трава́, то каза́лось, что э́то он сам па́хнет так хорошо́, а когда́ он ложи́лся в посте́ль, то, как э́то ни стра́нно, в ма́ленькую посте́ль вме́сте с ним ложи́лись большо́й двор, у́лица, лу́жи и весь огро́мный, живо́й, неизве́стный мир. Так всё вме́сте с ним и засыпа́ло, так и просыпа́лось вме́сте и вме́сте с ним открыва́ло глаза́. И был оди́н удиви́тельный факт: е́сли с ве́чера он втыка́л па́лку где-нибу́дь в саду́, то у́тром она́ ока́зывалась там же; и спря́танные в я́щике, в *сара́е* ка́мешки остава́лись таки́ми же, хотя́ с тех пор бы́ло темно́ и он уходи́л к себе́ в де́тскую. Отсю́да появи́лась есте́ственная потре́бность всё са́мое це́нное пря́тать под поду́шку: раз оно́ само́ стоя́ло и лежа́ло, так могло́ само́ и уйти́. И вообще́ бы́ло удиви́тельно и о́чень прия́тно, что и ня́ня, и дом, и со́лнце существу́ют не то́лько вчера́, но и ка́ждый день; и от э́того, просну́вшись, хоте́лось смея́ться и гро́мко петь.

Когда́ его́ спра́шивали, как его́ зову́т, он бы́стро отвеча́л:

— Ю́ра.

Но не́которые тре́бовали, чтобы он продолжа́л, — и тогда́ он отвеча́л:

— Ю́рий Миха́йлович.

И, поду́мав ещё, произноси́л по́лностью:

— Ю́рий Миха́йлович Пушкарёв.

II

Наступи́л необыкнове́нный день: ма́ма имени́нница*, к ве́черу прие́дут го́сти, бу́дет вое́нная му́зыка, а в саду́ и на *терра́се* бу́дут горе́ть разноцве́тные фона́рики, и спать ну́жно ложи́ться не в де́вять часо́в, а когда́ сам захо́чешь.

Просну́лся Юра, когда́ ещё все спа́ли, сам бы́стро оде́лся и вы́скочил в ожида́нии чуде́с. Но был неприя́тно удивлён: ко́мнаты бы́ли неу́бранными, как всегда́ по утра́м, куха́рка* и го́рничная* спа́ли, и дверь была́ за́перта на крючо́к — тру́дно бы́ло пове́рить, что лю́ди ско́ро начну́т что́-то де́лать, забе́гают, а ко́мнаты ста́нут пра́здничными, и стра́шно станови́лось за судьбу́ пра́здника. В саду́ ещё ху́же: доро́жки не подметены́, и не виси́т ни одного́ фона́рика — Юре ста́ло совсе́м неспоко́йно. К сча́стью, на гря́зном дворе́ за сара́ем ку́чер* Евме́н мыл коля́ску*; и хотя́ он де́лал э́то ча́сто и вид име́л са́мый обыкнове́нный, но тепе́рь в его́ реши́тельных де́йствиях чу́вствовалось что́-то пра́здничное.

Евме́н то́лько посмотре́л на Юру, а Юра вдруг как бы впервы́е заме́тил его́ широ́кую чёрную бо́роду и поду́мал, что Евме́н о́чень досто́йный челове́к. И сказа́л:

— Здра́вствуй, Евме́н.

Ну, а пото́м произошло́ всё о́чень бы́стро: появи́лся дво́рник* и на́чал подмета́ть доро́жки, вдруг раскры́лось окно́ в ку́хне и послы́шались чьи-то же́нские голоса́, вы́скочила го́рничная с каки́м-то ко́вриком и начала́ его́ бить па́лкой, как соба́ку. Всё пришло́ в движе́ние; и собы́тия на́чали происходи́ть с тако́й ско́ростью, что невозмо́жно бы́ло за ни́ми поспе́ть. Пока́ ня́ня пои́ла Юру ча́ем, в саду́ уже́ на́чали протя́гивать *про́волоку* для фона́риков, а пока́ в саду́ протя́гивали про́волоку, в гости́ной переста́вили всю ме́бель, а пока́ в гости́ной переставля́ли ме́бель, ку́чер Евме́н уже́ на ло́шади вы́ехал со двора́ с како́й-то осо́бенной таи́нственной, пра́здничной це́лью.

21

Юра вместе с отцом стал развешивать фонарики. И отец был весел: смеялся, шутил, подсаживал Юру на лестницу, сам лазил по ней, и под конец оба они вместе с лестницей свалились в траву, но не ударились. Юра вскочил, а отец так и остался лежать на траве, положив руки под голову и вглядываясь в бездонную синеву неба. Лёжа в траве, с таким серьёзным, далёким от игры видом, отец был похож на Гулливера*, *тоскующего о своей стране больших, высоких людей.* Что-то вспомнилось неприятное; и чтобы развеселить отца, Юра сел верхом на его сдвинутые колени и сказал:

— Помнишь, отец, когда я был маленький, я садился к тебе на колени, и ты подбрасывал меня, как лошадь?

Но не успел окончить, как уже лежал носом в самой траве, поднятый на воздух и *опрокинутый* чудесною силой, — это отец по-старому подбросил его коленями. Юра обиделся, а отец начал щекотать его под мышками, так что пришлось рассмеяться, а потом отец взял его, как поросёнка, за ноги и понёс на террасу. И мама испугалась:

— Что ты делаешь!

После этого Юра оказался на ногах, красный, то ли очень несчастный, то ли страшно счастливый.

Время шло так быстро. Стали появляться какие-то люди с записками, приехала *портниха* и спряталась с мамой в спальне, потом приехали два какие-то господина*, потом ещё господин, потом дама. Юра рассматривал этих странных людей из того мира, и ходил перед ними с видом простым и важным, как сын именинницы, встречал господ и к полудню так устал, что вдруг возненавидел жизнь. Поругался с няней и лёг на кровать лицом вниз, чтобы отомстить ей, но сразу заснул. Проснулся всё с тем же недовольством жизнью и желанием мстить, но, посмотрев промытыми холодною водою глазами, почувствовал, что и мир и жизнь очаровательны до смешного.

Когда же на Юру надели красную шёлковую рубашку, а на террасе его встретил длинный, снежно-белый, *сверкающий* стеклянною посудой стол, — Юра вновь *закружился* в водовороте событий.

— Пришли музыканты! Господи*, музыканты пришли! — кричал он, разыскивая отца, или мать, или кого-нибудь, кто отнёсся бы к этому приходу серьёзно.

Отец и мать сидели в саду, в беседке, густо завитой диким виноградом, и молчали; но красивая голова матери лежала на плече у отца, а отец, хотя обнимал её, но был очень серьёзен и приходу музыкантов не обрадовался. Да и оба они отнеслись к этому приходу с равнодушием, вызывающим скуку. Впрочем, мама сказала:

— Пусти. Мне надо идти.

— Так ты помни, — произнёс отец что́-то непонятное, но отозвавшееся в сердце Юры лёгкой тревогой.

— Как не стыдно, — засмеялась мать, и от этого смеха Юре стало ещё неприятнее, тем более что отец не засмеялся, а продолжал сохранять всё тот же серьёзный и печальный вид Гулливера, тоскующего о родной стране.

Но скоро всё это забылось, потому что наступил удивительный праздник. Пришли гости, зазвучали голоса, смех, какие-то весёлые шутки, и музыка заиграла. И на дорожках сада, где раньше ходил один только Юра, воображая себя принцем, разыскивающим царевну, появились люди с папиросами и стали громко разговаривать. Первых гостей Юра встречал у входа,

23

каждого рассматривал внимательно, а с некоторыми успевал познакомиться и даже подружиться — по дороге от прихожей до стола. Так успел он подружиться с офицером, которого звали Митенькой, — большой человек, а звали Митенькой, сам сказал. У Митеньки была толстая, холодная, как змея, сабля*, которая будто бы не вынималась, но это Митенька соврал: она была только перевязана возле ручки серебряным шнурком, а вынималась прекрасно. И так было обидно, что глупый Митенька, вместо того чтобы всегда носить саблю с собой, поставил её в передней, в угол, как палку. Но и в углу сабля стояла совсем особенно, сразу было видно, что она — сабля. И ещё неприятно было то, что с Митенькой пришёл другой, уже знакомый офицер, которого, очевидно, для шутки, также называли Юрием Михайловичем. Этот ненастоящий Юрий Михайлович приезжал уже к ним несколько раз, однажды даже верхом на лошади, но всегда перед тем самым часом, когда Юрочке нужно было ложиться спать. И Юрочка ложился, а ненастоящий Юрий Михайлович оставался с мамой, и это было тревожно и печально: мама могла обмануться. На настоящего Юрия Михайловича он не обращал никакого внимания; и теперь, идя рядом с Митенькой, он точно совсем не чувствовал своей вины, поправлял усы и молчал. Маме он поцеловал руку, и это было противно, но глупый Митенька сделал то же самое и этим привёл всё в порядок.

Скоро гости стали появляться в таком количестве и такие разные, как будто они падали прямо с неба. Вдруг на дорожке появилось несколько студентов с барышнями*. Барышни были обыкновенные, а у студентов на белых кителях* у левого бока были

24

прорезаны дырочки — как оказалось, для сабель. Но сабель они не принесли, наверное, от гордости, — они все были очень гордые; а барышни накинулись на Юру и стали с ним целоваться. Потом самая красивая барышня, которую звали Ниночкой, взяла Юру на качели и долго качала, пока не уронила. Он очень больно ударил левую ногу около колена и даже испачкал травой на этом месте белые штанишки, но, конечно, плакать не стал, да и боль очень скоро прошла. В это время отец водил по саду какого-то важного, совсем лысого старика и спросил Юрочку:

— Ударился?

Но так как старик тоже улыбнулся и тоже что-то говорил, то Юрочка не поцеловал отца и даже не ответил ему, а вдруг стал *визжать* от *восторга*. Потом заиграла музыка, и Юра уже стоял перед самым оркестром, расставив ноги и по старой привычке заложив палец в рот. Было так громко, что на всей земле остался один только оркестр — всё остальное пропало.

И вдруг Юре стало грустно. Оказалось, что везде он опоздал: он хотел видеть, как начнут расставлять столы для карточной игры, а столы уже были готовы, и за ними давно играли. Хотел видеть, как начнут танцевать, и думал, что это произойдёт в зале, а они уж начали танцевать, и не в зале, а под липами. Хотел видеть, как начнут зажигать фонарики, а фонарики уже все горели. Загорелись сами, как звёзды.

Лучше всех танцевала мама.

III

Ночь пришла в виде красных, зелёных и жёлтых фонариков. Пока их не было, не было и ночи, а теперь она заполнила весь сад, и дом, и небо. Стало так прекрасно, как в са́мой лу́чшей ска́зке с раскра́шенными карти́нками. В одно́м ме́сте дом совсе́м не́ был ви́ден, оста́лось то́лько четырёхуго́льное окно́, сде́ланное из кра́сного све́та.

От люде́й в саду́ оста́лись одни́ голоса́. Пока́ челове́к идёт о́коло фона́риков, его́ ви́дно, а как начина́ет отходи́ть, так всё *та́ет, та́ет, та́ет*, а го́лос све́рху смеётся, разгова́ривает, бесстра́шно пла́вает в темноте́. Но офице́ров и студе́нтов ви́дно да́же в темноте́: бе́лое пятно́, а над ним ма́ленький огонёк папиро́сы и гро́мкий го́лос.

И тут начало́сь для Юры са́мое ра́достное, — начала́сь ска́зка. Лю́ди, и пра́здник, и фона́рики оста́лись на земле́, а он улете́л и раста́ял в ночи́, и стал *невиди́мкой*. Хотя́ мог войти́ на ку́хню, как и все, — вме́сто э́того он стал подгля́дывать в ку́хонное окно́: там что́-то жа́рили и не зна́ли, что он на них смо́трит, — а он всё ви́дит. Пото́м пошёл и подгляде́л па́пину и ма́мину спа́льню: в спа́льне бы́ло пу́сто, но горе́ла лампа́дка* — э́то он подгляде́л. Пото́м подгляде́л в де́тской свою́ со́бственную крова́ть. Че́рез ко́мнату, где игра́ли в ка́рты, он прошёл, как невиди́мка, ступа́я так легко́, бу́дто лете́л по во́здуху. В саду́, в темноте́, стал подходи́ть к разгова́ривающим так бли́зко, что мог косну́ться их руко́й, а они́ да́же не зна́ли, что он тут, и разгова́ривали споко́йно. До́лго следи́л за Ни́ночкой, пока́ не изучи́л всю её жизнь. Ни́ночка что́-то почу́вствовала и да́же кри́кнула:

— Юрочка, э́то ты?

Но он лёг за куст и спря́тался. Чтобы бы́ло ещё таи́нственнее, он стал не ходи́ть, а по́лзать: тепе́рь доро́жки каза́лись опа́сными. Так прошло́ мно́го вре́мени — ему́ показа́лось, лет де́сять, а он всё пря́тался, и всё дáльше уходи́л от людéй. И так далекó ушёл, что стáло стрáшно: мéжду ним и тем прóшлым, когдá он гуля́л, как и все, образовáлась такáя прóпасть, чéрез котóрую, пожáлуй, уж нельзя́ бы́ло перешагну́ть. Тепéрь он и пошёл бы на свет, но бы́ло стрáшно, бы́ло невозмóжно. А му́зыка всё игрáет, и о нём все забы́ли, дáже мáма. Оди́н. Крыжóвник *царáпается*, темнотá кругóм. Гóсподи!

Юра попóлз кудá-то — к загáдочному свéту. К счáстью, э́то оказáлась та сáмая бесéдка, зави́тая виногрáдом, где сидéли сегóдня отéц и мáма. А он и не узнáл. Да, та сáмая бесéдка. Фонáрики кругóм ужé погáсли, и свети́лись тóлько два: оди́н, зелёненький, горéл ещё совсéм я́рко, а другóй, жёлтенький, ужé *мигáл*. И хотя́ вéтра не́ было, но от своегó мигáнья он покáчивался, и всё кругóм тáкже слегкá покáчивалось. Юра хотéл встать, чтóбы войти́ в бесéдку и отту́да начáть нóвую жизнь, с незамéтным перехóдом от стáрой, как вдруг услы́шал в бесéдке голосá. Говори́ли мáма и ненастоя́щий Юрий Михáйлович, офицéр. Настоя́щий же Юрий Михáйлович *зáмер* на мéсте, и сéрдце у негó зáмерло, и дыхáние у негó останови́лось.

Мáма сказáла:

— Остáвь. Ты с умá сошёл*. Сюдá мóгут войти́.

Юрий Михáйлович сказáл:

— А ты?

Мáма сказáла:

— Сегóдня мне двáдцать шесть лет. Я стáрая.

Юрий Михáйлович сказáл:

— Он ничегó не знáет. Неужéли он ничегó не знáет? Он дáже не догáдывается. Послу́шай, он всем так крéпко жмёт ру́ку?

27

Мама сказала:

— Что за вопрос? Конечно, всем. Нет, не всем.

Юрий Михайлович сказал:

— Мне его жаль.

Мама сказала:

— Его?

И странно засмеялась. Юрочка понял, что это говорили про него, про Юрочку, — но что же это такое, Господи! И зачём она смеётся?

Юрий Михайлович сказал:

— Куда ты, я тебя не *пущу*.

Мама сказала:

— Ты меня оскорбляешь. Пусти. Нет, ты не будешь меня целовать. Пусти.

Замолчали. Тут Юрочка посмотрел сквозь листья и увидел, что офицер обнял и целует маму. Дальше они ещё что-то говорили, но он ничего не понял, не слышал, *внезапно* забыл, что какое слово значит. И свои слова, какие раньше научился и умел говорить, также забыл. Помнил одно слово: «мама», и постоянно шептал его сухими губами, но оно звучало так страшно, страшнее всего. И, чтобы не крикнуть его нечаянно, Юра зажал себе рот обеими руками, одна на другую; и так оставался до тех пор, пока офицер и мама не вышли из беседки.

Когда Юра вошёл в комнату, где играли в карты, важный лысый старик за что-то ругал отца, и говорил и кричал, что отец сделал что-то не так, что так нельзя делать, что так делают только нехорошие люди, что это нехорошо, что старик с ним больше играть не будет. А отец улыбался, хотел что-то сказать, но старик не дал, — закричал ещё громче. И старик был маленький, а отец высокий, красивый, большой, и улы́бка у него́ была́ печа́льная, как у Гулливе́ра, тоску́ющего по свое́й стране́ высо́ких, краси́вых люде́й. Коне́чно, от него́ ну́жно скрыть то, что бы́ло в бесе́дке, и его́ ну́жно люби́ть, и я его́ так люблю́, — с ди́ким ви́згом Юра бро́сился на лы́сого старика́ и на́чал изо всей си́лы бить его́ кулака́ми:

— Не смей обижа́ть, не смей обижа́ть...

Го́споди, что тут бы́ло! Кто́-то смея́лся, кто́-то то́же крича́л. Оте́ц схвати́л Юру на́ руки, до бо́ли сжал гу́бы его́ и то́же крича́л:

— Где мать? Позови́те мать!

Пото́м Юра *отча́янно рыда́л*. Но сквозь слёзы он погля́дывал на отца́: не дога́дывается ли он, а когда́ вошла́ мать, стал крича́ть ещё гро́мче, чтобы отвле́чь подозре́ния. Но на́ руки к ней не пошёл, а то́лько кре́пче прижа́лся к отцу́: так и понёс оте́ц его́ в де́тскую. Но, ви́димо, ему́ и самому́ не хоте́лось расстава́ться с Юрой — как то́лько вы́нес его́ из той ко́мнаты, где бы́ли го́сти, то стал кре́пко его́ целова́ть и всё повторя́л:

— Ах ты мой ми́лый! Ах ты мой ми́лый!

И сказа́л ма́ме, кото́рая шла сза́ди:

— Нет, ты посмотри́, како́й он!

Ма́ма сказа́ла:

— Это всё ваш винт*. Вы так руга́етесь, что напуга́ли ребёнка.

Оте́ц рассмея́лся и отве́тил:

— Да, руга́ется он си́льно. Но э́тот-то! Ах ты мой ми́лый!

В де́тской Юра потре́бовал, чтобы оте́ц сам разде́л его́.

— Ну, начали́сь капри́зы, — сказа́л оте́ц. — Я ведь не уме́ю, пусть ма́ма разде́нет.

— А ты будь тут, — сказал Юра.

У ма́мы *ло́вкие* па́льцы, и разде́ла она́ бы́стро, а пока́ раздева́ла, Юра держа́л отца́ за́ руку. Ня́ню вы́гнал. Но так как оте́ц уже́ начина́л серди́ться и мог догада́ться о том, что бы́ло в бесе́дке, то Юра реши́л отпусти́ть его́. Но, целу́я, схитри́л:

— А тебя́ он бо́льше руга́ть не бу́дет?

Па́па засмея́лся, ещё раз уже́ сам кре́пко поцелова́л Юру и сказа́л:

— Нет, нет. А е́сли бу́дет руга́ться, я его́ бро́шу че́рез забо́р.

— Пожа́луйста, — сказа́л Юра. — Ты э́то мо́жешь. Ты ведь си́льный.

— Да. А ты спи кре́пко. Ма́ма побу́дет с тобо́ю.

Ма́ма сказа́ла:

— Я пошлю́ ня́ню. Мне ну́жно гото́вить к у́жину.

Оте́ц кри́кнул:

— Подождёт ваш у́жин! Мо́жешь побы́ть с ребёнком.

Но ма́ма возрази́ла:

— Там го́сти. Неудо́бно их оставля́ть.

Но оте́ц стро́го посмотре́л на неё, и, пожа́в плеча́ми, ма́ма согласи́лась:

— Ну хорошо́, я оста́нусь. Посмотри́ то́лько, чтобы Ма́рья Ива́новна ви́на не перепу́тала.

Всегда́ быва́ло так: е́сли о́коло засыпа́ющего Юры сиде́ла ма́ма, то она́ держа́ла его́ за́ руку до са́мой после́дней мину́ты, — всегда́ быва́ло так. А тепе́рь она́ сиде́ла так, как бу́дто была́ совсе́м одна́, и не́ было тут никако́го сы́на Юры, кото́рый засыпа́ет, — сложи́ла ру́ки на коле́нях и смотре́ла куда́-то. Чтобы привле́чь её внима́ние, Юра пошевели́лся, но ма́ма ко́ротко сказа́ла:

— Спи.

И продолжала смотреть. Но, когда Юра начал засыпать, вдруг мама встала перед кроваткой на колени и начала часто-часто, крепко-крепко целовать Юру. Но поцелуи были мокрые и горячие.

— Отчего у тебя мокрыс, ты плачешь? — спросил Юра.

— Я плачу.

— Не надо плакать.

— Хорошо, я не буду, — согласилась мама.

И снова целовала часто-часто, крепко-крепко.

Сонным движением Юра поднял обе руки, обнял мать за шею и крепко прижался горячей щекой к её мокрой и холодной щеке — ведь всё-таки мама, ничего не поделаешь. Но как больно, как горько!

1911

Если эти слова (в тексте они выделены) вам незнакомы, посмотрите их значение в словаре.

Ария

Безу́мный
брани́ть
буго́р
бу́рный

Вы́жженный

Га́мма
гипнотизёр
гне́ваться, гнев

Дупло́

Круше́ние

Лицеме́рно

Ма́гия
ма́ния
мирозда́ние
моше́нничество

Недоуме́ние
неле́пый

Отча́янье

Подо́бный
прокля́тый
пу́ля

Разлу́ка

Сла́вный
соблазни́тельный
сопе́рничать
сторожи́ть

Холст

Шевели́ться
шурша́ние

Два письма́

ВСЁ ПРИХО́ДИТ СЛИ́ШКОМ ПО́ЗДНО

Вы хоте́ли объясне́ния, и вот оно́. Я зна́ю, вам ста́нет хо́лодно и бо́льно, вы бу́дете пла́кать весь сего́дняшний ве́чер, а мо́жет быть, и за́втра, но мне не жа́лко вас, нет. Вы сли́шком мо́лоды, чтобы я вас жале́л. Мо́лодо ва́ше се́рдце, мо́лод смех и мо́лоды слёзы, и я не могу́ вас жале́ть, не упрека́йте меня́. У одно́й молодо́й да́мы, *подо́бной* вам, я ви́дел письмо́, *подо́бное* моему́, и на письме́ бы́ли следы́ её слёз. И на том же письме́ был друго́й по́здний след: кружо́к от ча́шки ко́фе, кото́рый люби́ла пить молода́я осо́ба... и зна́ете, сколько лет прошло́ ме́жду го́рькими слеза́ми и ую́тным ко́фе? Оди́н год. Оди́н год, моя́ дорога́я.

Тепе́рь вы ве́рите, что я уста́л? То́лько уста́лые так равноду́шны к молоды́м слеза́м, к це́лому го́ду краси́вого молодо́го тра́ура; то́лько у них так тяжела́ холо́дная рука́. Да, я уста́л. Вчера́, когда вы стуча́лись в мою́ дверь, я был до́ма, оди́н, в темноте́, и не спал. И я слы́шал ваш го́лос и *шурша́ние* ва́шего ми́лого пла́тья... Я почти́ слы́шал печа́льный и испу́ганный стук ва́шего се́рдца. Но я не встал и не откры́л вам. Это уста́лость всей жи́зни. Бу́дто сра́зу навали́лись на меня́ все про́житые го́ды, бу́дто за оди́н час я сде́лал все мои́ шаги, кото́рыми шага́л по земле́, написа́л все мои́ карти́ны, испыта́л все печа́ли и ра́дости мое́й *бу́рной* жи́зни. Се́рдце не хо́чет би́ться, вы понима́ете, дорога́я? Уста́ло ка́ждым бие́нием свои́м, как ста́рые часы́ на ба́шне, по кото́рым сли́шком до́лго узнава́ли вре́мя.

Бывают такие дни у уставших. Сегодня я уже двигаюсь, и глаза мои желают смотреть, подсматривают красоту облаков, а рука уже тянется к кистям, и натянутый *холст* кажется *соблазнительным*. Что делать глазам, как не смотреть? Что делать руке, как не работать?

И постучись вы сегодня, я, пожалуй, слишком поспешно открыл бы дверь; и снова весь долгий вечер успешно обманывал бы вас и себя, бога и людей, смерть и любовь. Вы помните нашу прогулку, когда я взбежал на очень высокий *бугор*? Задыхаясь от перебоев сердца, для стариков очень опасны такие эксперименты, я ждал наверху похвалы от вас, но вы даже не заметили ничего, для вас это было так естественно! Конечно, это было глупо, и сегодняшняя моя ложь была бы искуснее, я уже чувствую во рту её сладкий, наркотический вкус. Я говорил бы о моих будущих картинах. Как модный тенор* на свидании фальцетом* напевает *арии*, — что делать тенору, как не петь? Чтобы согреть ваши милые и по-детски мудрые глаза, я готов стать гением на целый час! Но это простое *мошенничество*, мой друг, простое мошенничество. Я не гений. Какие картины? Я больше НИКАКИХ картин не напишу.

Я устал. Не говорите это моим покупателям на базаре, мне ещё нужно закончить рабочий день... но я ужасно устал. Всё слишком поздно приходило в моей жизни, и не *гневайтесь*, моя дорогая, не плачьте, моя девочка: мне не нужна ваша любовь. И как хорошо, что о ней не сказано было ни слова и *проклятое* семя лжи не взошло: какие это были бы ужасные, презренные цветы! Дорогая моя, я всё видел. Вот уже месяц — или больше вы мучительно ищете предлога и минуты, чтобы открыться мне и сказать: люблю. Вот уже месяц я, как иску́сный донжуа́н* и как са́мый по́длый трус, наслажда́юсь ви́дом э́той борьбы́, подта́лкиваю вас, внуша́ю жеста́ми *гипнотизёра* ещё бо́льшую любо́вь, подвожу́ к са́мому кра́ю и со стра́хом бегу́, про́сто убега́ю. Вы заме́тили, что в нача́ле ка́ждого на́шего ве́чера говори́те вы, а я молчу́, к концу́ же я болта́ю, как в дурно́й пье́се, а вы молчи́те, расте́рянная, нема́я, печа́льная. И так, молча́щую, я провожа́ю вас за дверь, *лицеме́рно* заде́рживаю ва́шу ру́ку, холо́дную от печа́ли и *недоуме́ния*, и поспе́шно запира́юсь: на сего́дня я спасён. Вы сра́зу же ухо́дите от две́ри и́ли ещё стои́те? Я ухожу́ сра́зу же. Но на той неде́ле вы по́мните? Я мину́т де́сять стоя́л пе́ред э́той дура́цкой две́рью, за кото́рую сам то́лько что проводи́л моё после́днее, но сли́шком, сли́шком запозда́вшее сча́стье.

Всё прихо́дит сли́шком по́здно.

Мой по́езд отхо́дит то́лько у́тром, чемода́ны упако́ваны и я́щик с кра́сками далеко́, и мне не́чего де́лать всю ночь. Послу́шайте, когда́ я был ма́льчиком лет семи́ и́ли восьми́, я о́чень люби́л мя́тные дешёвые пря́ники, продава́вшиеся на на́шей у́лице, в ма́ленькой ла́вочке; и на копе́йку их дава́ли две шту́чки. И не зна́ю я, почему́ у меня́ никогда́ не хвата́ло копе́ек, что́бы нае́сться до́сыта: роди́тели мои́ бы́ли в то вре́мя не бедны́ и ни в чём друго́м я не терпе́л недоста́тка, но на э́ти пря́ники у меня́ всегда́ не хвата́ло де́нег. Коне́чно, э́то бы́ло ма́ленькое безу́мство, де́тская *ма́ния*. Но по́мню мои́ мечты́ о пря́никах и чёрную за́висть к тем, кто их ел; по́мню их необыкнове́нный вкус и вид!

Вероя́тно, я ел их мно́го, но мне хоте́лось ещё бо́льше, ещё бо́льше; и до сих пор, че́рез мно́гие деся́тки лет, мой го́лод оста́лся неудовлетворённым. Вы понима́ете э́то? Я могу́ купи́ть миллио́н э́тих пря́ников, и иногда я, пра́вда, покупа́ю фунт* и́ли два, и их съеда́ет прислу́га*: э́тих мне не на́до, э́ти чужи́е, и вкус их мне не знако́м.

Пришло́, но сли́шком по́здно. Всё прихо́дит сли́шком по́здно, и мои́ ми́лые пря́ники бы́ли то́лько звонко́м к нача́лу э́того дура́цкого спекта́кля. Хоте́л я да́льше путеше́ствовать... и как хоте́л! Вам поня́тна э́та страсть к но́вым стра́нам и но́вым берега́м, и я не раз ви́дел в ва́ших глаза́х, когда́ расска́зывал о мои́х путеше́ствиях по Евро́пе и Аме́рике, э́тот безу́мный огонёк любопы́тства, жа́жды бесконе́чного движе́ния.

Всё в ми́ре прихо́дит сли́шком по́здно, но то́лько любо́вь уме́ет мину́ту опозда́ния преврати́ть в ве́чность *разлу́ки!*

Я ма́ло расска́зывал вам о моём про́шлом, да и сейча́с не ста́ну трево́жить его́: там мно́го мёртвых, а к мёртвым я начина́ю чу́вствовать симпа́тию, и поко́й их мне ка́жется досто́йным уваже́ния. Но одно́й же́нщине я и в моги́ле не дал бы поко́я, така́я э́то была́ глу́пая же́нщина; и е́сли она́ умрёт, а я ещё бу́ду жив, я найму́ челове́ка с па́лкой, кото́рый всё вре́мя, день и ночь, бу́дет стуча́ть в её моги́льный ка́мень, не даст ей спать ни днём, ни но́чью. Вы поду́майте, моя́ дорога́я, она́ суме́ла опозда́ть на це́лых шесть лет!

Шесть лет я добива́лся её любви́, а она́ шесть лет опа́здывала на на́ши свида́ния, выходи́ла за кого́-то за́муж, разводи́лась, опя́ть выходи́ла. И после́дний на све́те, о ком она́ ду́мала, был я с мое́й любо́вью. Це́лых шесть лет! Я не ста́ну буди́ть ва́шу ми́лую ре́вность сли́шком дли́нным расска́зом о глу́постях, кото́рые я проде́лывал с ви́дом жа́лким и *безу́мным...* Скажу́ то́лько, что после́дним мои́м безу́мством был гаши́ш*, а когда́ я поко́нчил с э́тим безу́мством, я был худо́й, как *манеке́н*, и жёлтый, как о́хра*. Вы ви́дели когда́-нибудь ста́рые дере́вья, в кото́рые уда́рила мо́лния: зе́лень ветве́й — и чёрное *вы́жженное дупло́*. Я вы́жег мою́ любо́вь, дорога́я, и до сих пор, е́сли нет лу́чшего заня́тия, с го́рдостью вспомина́ю мою́ геро́йческую борьбу́ и *сла́вную* побе́ду.

А она́ — она́ вдруг полюби́ла меня́. Это ничего́, что ме́жду на́ми бы́ло две ты́сячи вёрст* расстоя́ния и что во́зле неё верте́лся како́й-то второ́й и́ли тре́тий муж — она́ полюби́ла меня́, как Маргари́та* Фа́уста*.

Она́ нашла́ меня́ и прие́хала на ско́ром по́езде, — она́ о́чень торопи́лась! — и две неде́ли под прекра́сным не́бом Ита́лии соверша́лась *неле́пая* коме́дия. Прости́те э́ту глу́пую же́нщину, моя́ дорога́я: она́ сто́лько пла́кала и страда́ла.

Да, э́то была́ пора́ необыкнове́нных уда́ч для жёлтого, как о́хра, манеке́на. В то же са́мое вре́мя, как и же́нщина, и, по-ви́димому, в одно́м и том же ско́ром по́езде, прибыла́ ко мне и друга́я запозда́вшая любо́вница: моя́ сла́ва. Я вам мно́го расска́зывал о том вре́мени: вы́ставка в Ри́ме, вы́ставка в Вене́ции и Пари́же, и всю́ду моё и́мя! Да, ещё зва́ние акаде́мика, о́чень мно́го де́нег и о́чень мно́го портре́тов на плохо́й бума́ге дешёвых газе́т, где я похо́ж на побледне́вшего не́гра... ещё неда́вно я смея́лся над одни́м из э́тих изображе́ний, а вы с удивле́нием смотре́ли на меня́: э́то гря́зное типогра́фское пятно́ каза́лось вам верши́ной челове́ческой красоты́ и сла́вы. Ещё бы, все ви́дят, да́же те, кому́ э́то и не ну́жно. Но что ещё я до́лжен перечи́слить в доказа́тельство мое́й сла́вы? Да, со́бственный автомоби́ль, кото́рый чуть не уби́л меня́; я про́дал э́того уби́йцу. Ви́лла на берегу́ мо́ря? Живы́е цветы́ на столе́, по́ртящие во́здух мое́й мастерско́й? Пре́жде я люби́л цветы́... пре́жде, пре́жде!

Говори́ть ли вам, моя́ све́тлая, что и э́то пришло́ сли́шком по́здно? Вы так и́скренне и наи́вно восхища́етесь мое́й осе́нней сла́вой, в ва́ших я́сных глаза́х го́рдость и сия́ние, когда́ вы идёте ря́дом со мно́ю, и вам тру́дно поня́ть, что э́та чуде́сная и така́я вку́сная сла́ва вдруг мо́жет быть не нужна́!

Впро́чем, все ста́рые мужья́ лю́бят *брани́ть* свои́х моло́деньких жён, и о́чень возмо́жно, что моя́ молода́я сла́ва во́все не така́я легкомы́сленная и что она́ да́же серьёзная да́ма с ма́ленькими неви́нными стра́нностями. Че́стная жена́. Но у э́той че́стной жены́ одна́ вина́: она́ пришла́ сли́шком по́здно и не тогда́, когда́ её так хоте́ли, не тогда́. Где она́ была́, когда́ я её звал днём и но́чью? Где скрыва́лась она́, когда́ я иска́л её на всех мои́х карти́нах?

Я уста́л, чемода́ны мои́ со́браны для да́льнего пути́, и я расстаю́сь с ва́ми навсегда́, и поэ́тому я так зол и несправедли́в. Но одно́ я всё же не могу́ не поста́вить ей в упрёк: заче́м она́ так подняла́ це́ну мои́х карти́н. Вы понима́ете э́то: у меня́ мно́го де́нег, но я бе́ден для того́, что́бы купи́ть со́бственные карти́ны... так они́ до́роги и досту́пны то́лько богача́м! И осо́бенно те пе́рвые, кото́рые я продава́л за дрова́ для желе́зной пе́чки в мое́й ледяно́й мастерско́й.

Все прихо́дят сли́шком по́здно, и в э́том разга́дка мои́х со́бранных чемода́нов. Нет, э́то не доро́жные ве́щи, э́то моя́ ста́рость, моё *отча́янье* и мёртвая уста́лость, кото́рые я потащу́ куда́-то, и напра́сно носи́льщики бу́дут жа́ловаться на их тя́жесть, я и сам хоте́л бы, что́бы они́ бы́ли немно́го поле́гче. Ночь конча́ется... вы уже́ всё по́няли, моя́ дорога́я?

О нет, коне́чно, вы не по́няли, и вы пра́вы. Что вам до како́й-то глу́пой же́нщины, опозда́вшей на шесть лет, до мое́й уста́лости и жа́лоб на хоро́шенькую сла́ву? Это то́лько предисло́вие для вас, и настоя́щее начнётся то́лько там, где я заговорю́ о вас. Не пра́вда ли, моя́ дорога́я? Пусть бу́дет так: закро́ем предисло́вие и перейдём к рома́ну.

Ита́к, вы меня́ лю́бите. Это пра́вда? Да, э́то пра́вда, и я бессты́дно волну́юсь, вычёркивая э́то сло́во: любо́вь. Пусть смы́сл его́ давно́ поте́рян для меня́, но в само́м зву́ке его́ сто́лько *ма́гии*, что не мо́жет оста́ться споко́йным се́рдце, и оно́ отзыва́ется бо́ем, как часы́, просну́вшиеся среди́ но́чи. Двена́дцать говоря́т они́. По́лночь говоря́т они́: со́лнце на той стороне́ земли́, засни́ сно́ва, со́лнце на той стороне́ земли́... Но, пра́во, я сбива́юсь и всё продолжа́ю предисло́вие, и́бо не в том де́ло для мое́й чита́тельницы, что она́ меня́ лю́бит, она́ же э́то зна́ет, а в том: что я ей скажу́. Да — вот что я ей скажу́?

Извини́те, я слегка́ волну́юсь и... да, я то́же люблю́ вас.

Люблю́. Но я ужа́сно уста́л... нет, не то. Вы роди́лись по́здно для меня́, да, сли́шком по́здно. Я вы́считал давно́ уже́: э́то опозда́ло на два́дцать во́семь лет, я хочу́ сказа́ть, вы опозда́ли роди́ться ро́вно на два́дцать во́семь лет. Понима́ете, дорога́я: вас ещё не́ было, про́сто не́ было, когда́ я уже́ был, и давно́ был. Вы не ду́маете, что э́то кака́я-то неле́пость?.. Я сказа́л бы преступле́ние: е́сли бы знал, кто престу́пник. Я уже́ всё знал, носи́л бо́роду, и у меня́ уже́ был парикма́хер, е́здил оди́н на изво́зчике*, и что́-то ещё: пил вино́, вообще́, был — а вас ещё не́ было. Поду́майте: уже́ семена́ уста́лости бы́ли бро́шены в мою́ ду́шу, а вас всё ещё не́ было, всё ещё! Пото́м кака́я-то де́вочка с двумя́

39

косичками ходила в школу и играла в куклы — это появились вы на свете божьем. Но такая маленькая, что об этом не стоит и говорить: косички и куклы. Боже мой*, косички и куклы!

Потом, став прекрасной, вы пришли ко мне, просто открылась дверь однажды, и в ней появились вы, ставшая прекрасной. Вы не думаете, что и здесь существует какая-то нелепость: зачем вы, и именно вы, родились такой прекрасной, как раз такою, какую мне всегда нужно было? Я уже решил, что нет такой, какая мне нужна, и вдруг открылась дверь... много раз открывалась она, как самая обыкновенная дверь. И что же с ней случилось в этот раз? Кого она впустила? Поверьте мне, дорогая; мне не нужно было много лет, чтобы узнать вас, — в одно мгновенье я и вас узнал, узнал и то, что вы пришли слишком поздно, что это несчастье. Так Данте* увидел свою Беатриче*... Но вы пришли слишком поздно, чтобы застать хоть кусочек его души, он всю её роздал другим, он нищий, Беатриче!

Он нищий, Беатриче, — написал я. И прежде, написав такое, я, вероятно, заплакал бы или пошёл искать яд, а сейчас... сейчас я посмотрел на часы и глубоко задумался о том, успею ли я позавтракать перед отъездом: мне весь день бывает нехорошо, если с утра я не поем. Вы понимаете или всё ещё не поняли? Это значит: я соврал вам, сказав, что я тоже вас люблю. Я никого не люблю и ничего не хочу, кроме одиночества и покоя, покоя и смерти. Я устал.

Вот и всё, и больше ничего не надо ни спрашивать, ни говорить... больше ничего, моя дорогая! Прощайте. Я целую вашу руку. Да, это правда: я целую вашу руку. Что ещё? Вот вы придёте и моя комната пуста... Всё. Прощайте. Будьте прекрасной для других, но для меня́ вы пришли́ сли́шком по́здно... всё прихо́дит сли́шком по́здно, моя́ дорога́я, всё прихо́дит сли́шком по́здно!

Моё и́мя — ложь, и я не подпи́сываю его́. Зови́те меня́:

Уше́дший.

Я НЕ ХОЧУ́, ЧТО́БЫ СЛИ́ШКОМ ПО́ЗДНО

...Это возмути́тельно! Вы неожи́данно уе́хали, не поговори́в со мной, и да́же не оста́вили а́дреса, куда́ писа́ть. Что мне тепе́рь де́лать, я про́сто не понима́ю. И кро́ме того́, вы прекра́сно зна́ете, что я не уме́ю писа́ть, и кака́я пра́вда мо́жет быть в письме́?

Послу́шайте, заче́м вы всё э́то сде́лали, не поговори́в со мно́ю! Каки́е глу́пости! Если бы я зна́ла, что вы мо́жете так сде́лать, я не отошла́ бы от ва́шей две́ри и сторожи́ла бы вас день и ночь. Вы у́тром уе́хали? Пра́вда, я пришла́ ещё до ва́шего письма́, а кварти́ра пуста́я, и э́то показа́лось мне ужа́сным, я про́сто не ви́дела доро́ги, когда́ возвраща́лась, меня́ мог задави́ть автомоби́ль. Сла́ва бо́гу*, что вы ещё жи́вы... Но где вы? На парохо́де и́ли на по́езде? Я так привы́кла всегда́ знать, где вы нахо́дитесь, и тепе́рь мне о́чень стра́шно. От того́, что я э́того не зна́ю и про́сто потеря́ла вас, как како́е-то портмоне́.

Вы тако́й у́мный, и как вы не по́няли, что я всё понима́ю? Во-пе́рвых, тогда́, на бугре́, я прекра́сно заме́тила, что вам тру́дно взбега́ть на го́ру, и наро́чно шла ме́дленнее, что́бы вы не торопи́лись, а вы всё-таки бежа́ли. Вы бы́ли тако́й ми́лый тогда́, и мне бы́ло так жаль, что вы побледне́ли, потому́ что э́того совсе́м не ну́жно бы́ло. Ра́зве я не зна́ю, ско́лько вам

41

лет, вы сами тысячу раз повторяли это, но как будто это имеет для меня значение! Будто мне это нужно, чтобы вы умели быстро взбегать на гору! И про это я знала, когда стучалась, что вы дома и нарочно мне не отвечаете, потому что очень устали и никого, и особенно меня, не хотите видеть. Но разве и это так плохо, когда человек устал? Скажу вам, что если бы у вашей усталости были руки, я поцеловала бы их так же, как целую руки у мамы, но только вы очень, вы очень не просты!

Например, вы думали в этот вечер, что я приду и буду хотеть вашего ухаживания, а вам это трудно. Конечно, когда так устал человек, что чувствует себя почти мёртвым! Нет, я даже смотреть на вас не стала бы, а только тихонько сидела бы в другой комнате и читала, даже не *шевелилась* бы, чтобы не *шуршать* платьем, и только узенькой полоской шёл бы свет от двери, — это я сижу. И вообще, вы напрасно старались так много говорить, я всё равно знала, что вы меня любите, и около двери, когда вы стояли десять минут, я тоже стояла с другой стороны, но не вздыхала, а улыбалась от счастья. Такой вы были милый, я так вас любила!

Но поступок ваш безумен. Безумен! Если жизнь ваша так несчастна, что всё в ней приходит слишком поздно, то с этим надо бороться, а не делать самому так, чтобы и для других было слишком поздно. Вы понимаете? Я не хочу, чтобы для меня было поздно. И что хорошего было бы, если бы я родилась на двадцать восемь лет раньше. Не говоря о том, что теперь я была бы старухой, мы ведь могли бы, при встрече, даже не полюбить друг друга. Это очень возможно. Кто вы были тогда? Длинноволосый юноша, который всегда в кого-нибудь влюблён. Разве этих длинноволосых и теперь мало, а отчего я не их люблю, а вас?

И вы больше похожи на женщину, чем я. Как вы ничего толком не узнали и сразу убежали бог знает куда! Поймите жс, что это специально так случилось, чтобы я родилась позже и чтобы при нашей встрече, когда открылась дверь, вы были — такой, а я — такая. Я ведь тоже помню, когда открылась эта дверь, и я увидела вас — в первый раз в моей жизни. У вас такая улыбка, про которую вы сами не знаете, потому что перед зеркалом такая улыбка получиться не может, и вот когда вы так улыбнулись, для меня сразу кончилась вся прежняя жизнь. Я и славу вашу люблю только потому, что это награда не за ваш талант, как вы сами думаете, а за эту улыбку, про которую вы и не догадываетесь. Какой вы милый!..

А теперь мне страшно, вы уехали. Какой безумный поступок! И вдруг я вас никогда не найду, и вдруг вы никогда не прочтёте, что я пишу, или письмо придёт слишком поздно. Как это страшно! Я не понимаю, как оно может прийти слишком поздно, но вы напугали меня, и мне так печально и страшно, и такой тоской сжимается сердце. Молодое сердце, вы сказали, а разве от этого меньше больно?.. Нет, плакать на письмо я не стану, как ваша молодая особа, и чашку кофе поверх слёз не поставлю, а вот если бы я могла быть *пулей*, я настигла бы вас и вошла бы в самое ваше сердце. Пусть вместе хоронят и убитого и пулю! Неблагодарный вы, недогадливый и даже немного жестокий. Милый вы мой...

Вдруг пишет мне, сам мучается и пишет, что слишком поздно. Не хочу спорить, и пусть ваши мятные пряники будут слишком поздно и эта несчастная женщина в скором поезде — но не я. Я не хочу, чтобы поздно. Ах, если бы я умела писать, но такая я неспособная к этому, и когда я пишу, мне самой кажется, что я блондинка и в волосах у меня голубая лента... ненавижу блондинок и голубые ленты! И мне даже немного не нравится, когда вы называете меня «светлая», нет, я вся тёмная, и в душе у меня другая *гамма*, чем у блондинок, играть меня надо на чёрных клавишах, во всяком случае. Но вы это знаете, иначе вы и не любили бы меня, и только мучаете напрасными и жестокими словами. Не хочу я, чтобы слишком поздно, не хочу!

Ну да, я была девочкой с косичками и играла в куклы, когда вы один ездили на извозчике... длинноволосый, довольно противный юноша, мужчина! Но так и надо было для нас обоих. Мне совсем не улыбается мысль, что я могла бы встретиться с вашей несчастной дамой из скорого поезда и даже *соперничать* с нею, нет, я хочу быть одна в вашей душе — и последняя, как и вы в моём *мироздании* — один, первый, последний. Мне даже смешно это: первый, последний... Как будто, вообще, могут быть два света, два смысла, два солнца. Первое солнце, второе солнце, какие глупости! Разве вам не нравится, что всю мою душу освещаете вы один?

Но мне так страшно, что вы уехали. Теперь я жалею, что не сказала вам раньше про мою любовь. Вы думаете, я очень вам боялась сказать? Правда, немного и боялась, но ещё больше мне хотелось смотреть, как вы улыбаетесь, и я всё думала, что успею. Ведь вы и не знали, что я всё это время была счастлива безумно, и к концу нашего вечера замолчала совсем не от печали, а от того, что во мне заиграла постепенно совсем необыкновéнная мýзыка. Я тогдá спалá с откры́тыми глазáми и не слы́шала, что вы говори́ли о вáших бýдущих карти́нах, прости́те меня́, а тóлько ви́дела вас и слýшала э́ту мою́ мýзыку. Нет, какóй вы ужáсно недогáдливый.

Мне óчень стрáшно, ми́лый, мне óчень стрáшно. Кудá вы могли́ уéхать? Я сейчáс опя́ть перечитáла вáше письмó, и э́то ужáсно, что вы пи́шете о вáшей устáлости, о вáшем отчáянии. Слáва бóгу, что вы живы́... ведь вы живы́, дорогóй мой? Где же вы? Я пошлю́ э́то письмó «до востребóвания» и ещё напишý дéсять таки́х же и разошлю́ их в рáзные стóроны, пусть бегýт по всем дорóгам, догоня́ют вас и поджидáют. Мóжет быть, пройдёт на чужóй землé вáша устáлость, и вдруг вам захóчется какóго-нибудь письмá, на вся́кий слýчай, зайти́ на пóчту — и вдруг моё!

Я не хочý, чтóбы сли́шком пóздно, и я кáждый день бýду посылáть в рáзные городá по письмý... ведь достáточно одногó, чтóбы вы вернýлись, не прáвда ли, ми́лый? Вы вернётесь? Вспóмните, какáя я, и верни́тесь скорéе, скорéе. Мне стрáшно однóй и без вас, вы напугáли меня́. Я вéрю, что моё письмó вóвремя догóнит вас, но вдруг почемý-то окáжется пóздно... это мóжет оказáться, я не знáю? Почемý мóжет оказáться так? Или я могý умерéть прéжде, чем вы прочтёте и приéдете? Или что? Что ещё бывáет? Что мóжет быть?

Я не могý писáть от стрáшных мы́слей. Вдруг с вáми чтó-нибудь случи́тся и́ли ужé случи́лось... ведь ничегó не знáю, где вы, кто вóзле вас, как вы éдете. Мóре, онó такóе стрáшное. Земля́ тóже стрáшная, и поездá хóдят так бы́стро. Оди́н, без меня́. А вдруг, когдá вы полýчите письмó и захоти́те вернýться и ужé бýдете éхать, произойдёт *крушéние*... Нет, э́то невозмóжно! Я не хочý дýмать об э́том.

Возвращáйтесь немéдленно. Пришли́те телегрáмму, как тóлько полýчите моё письмó, я бýду ждать. Или я самá поéду тогдá к вам, э́то бýдет спокóйнее, я измýчаюсь, ми́лый, пожалéйте меня́! Я не плáчу на письмó, но мне так бóльно и стрáшно, что вы должны́ пожалéть меня́. Я не хочý, чтóбы сли́шком пóздно. Возвращáйтесь немéдленно, телеграфи́руйте, спеши́те, спеши́те!

Я жду.

Вáша М.

1916

Коммента́рий

Андре́ев Леони́д Никола́евич

Орёл — го́род в европе́йской ча́сти Росси́и.

Гимна́зия — в Росси́и до 1917 го́да: общеобразова́тельное сре́днее уче́бное заведе́ние.

Прися́жный пове́ренный — в Росси́и с 1864 по 1917 год: адвока́т на госуда́рственной слу́жбе.

Макси́м Го́рький — Го́рький Алексе́й Макси́мович (1868—1936) — изве́стный ру́сский писа́тель.

«Зна́ние» — прогресси́вное изда́тельство в Петербу́рге (1898—1913).

Финля́ндия — с 1809 го́да террито́рия Финля́ндии входи́ла в соста́в Росси́йской импе́рии. По́сле револю́ции, кото́рая произошла́ в Росси́и в 1917 году́, Сове́тская Росси́я 6 декабря́ 1917 го́да предоста́вила Финля́ндии самостоя́тельность.

Смех

Фура́жка — мужско́й головно́й убо́р с козырько́м.

Богаде́льня — в Росси́и до 1917 го́да: дом для престаре́лых и инвали́дов.

Сеньо́р — в Испа́нии: фо́рма ве́жливого обраще́ния к мужчи́не.

Дворяни́н — лицо́, принадлежа́щее к дворя́нству — са́мому привилегиро́ванному сосло́вию (социа́льной гру́ппе люде́й) ца́рской Росси́и.

Уста́ — гу́бы.

Бра́тцы! — дру́жеское обраще́ние к мужчи́нам.

С ума́ сойти́ — потеря́ть рассу́док.

Цвето́к под ного́ю

Арши́н — стари́нная ру́сская ме́ра длины́, ра́вная 0,71 м.

Верста́ — стари́нная ру́сская ме́ра длины́, ра́вная 1,06 км.

Имени́нница *здесь*: новоро́жденная, т.е. рождённая в э́тот день.

Куха́рка — повари́ха.

Го́рничная — служа́нка, выполня́ющая поруче́ния госпожи́.

Ку́чер — тот, кто пра́вит запряжёнными в экипа́ж лошадьми́.

Коля́ска — *здесь*: экипа́ж с откидны́м ве́рхом.

Дво́рник — рабо́тник, убира́ющий во дворе́ и на у́лице пе́ред до́мом.

Гулливе́р — гла́вный геро́й велика́н в произ-веде́нии англи́йского писа́теля Джо́натана Сви́фта (1667—1700) «Путеше́ствие Гулливе́ра».

Господи́н — челове́к из привилегиро́ванного о́бщества.

Го́споди! *здесь*: выраже́ние восто́рга.

Са́бля — ко́лющее ору́жие с дли́нным изо́гнутым клинко́м.

Ба́рышня — де́вушка из интеллиге́нтной среды́.

Ки́тель — фо́рменная ку́ртка со стоя́чим ворот-нико́м.

Лампа́да — небольшо́й сосу́д, наполня́емый ма́с-лом и зажига́емый пе́ред ико́ной.

С ума́ сойти́ — потеря́ть рассу́док.

Винт — ка́рточная игра́.

Два письма

Тенор — певец с самым высоким мужским голосом.

Фальцет — очень тонкий высокий мужской голос.

Донжуан — Дон Жуан — герой старинной испанской легенды, искатель любовных приключений. Этот образ стал нарицательным и обозначает легкомысленного любвеобильного мужчину. В этом значении пишется *донжуан*.

Фунт — старинная русская мера веса, равная 409,5 грамма.

Прислуга — люди, которые выполняют различные работы в доме хозяина.

Гашиш — наркотик из индийской конопли.

Охра — минеральная жёлтая краска.

Верста — старинная русская мера длины, равная 1,06 км.

Маргарита — возлюбленная Фауста.

Фауст — главный герой одноимённой трагедии немецкого писателя И.В. Гёте (1749—1832).

Извозчик — тот, кто правит наёмным экипажем.

Боже мой! *здесь*: выражение восторга.

Данте Алигьери (1265—1321) — итальянский поэт, мыслитель.

Беатриче — тайная возлюбленная Данте Алигьери.

Слава богу! — хорошо!

Задания

Смех

Проверьте, как вы поняли текст

Ответьте на вопросы.

1. В какое время происходит действие рассказа?
2. С кем ожидает встречи главный герой рассказа?
3. Как меняется настроение молодого человека во время ожидания возлюбленной?
4. Чем главный герой предложил заняться своим друзьям?
5. Как отреагировали друзья на предложение молодого человека?
6. Что испытывал молодой человек в костюме китайца?
7. О чём молодой человек говорил с Евгенией Николаевной?
8. Как реагировала девушка на слова молодого человека?
9. Что чувствовал молодой человек, слыша смех Евгении Николаевны?
10. Что сделал молодой человек со своим костюмом?

Отметьте предложения, где написана правда → $\boxed{П}$, а где написана неправда → $\boxed{Н}$.

1. ☐ Девушка не пришла на встречу с главным героем рассказа.

2. ☐ Евгения Николаевна внимательно слушала слова признания молодого человека.

3. ☐ Друзья молодого человека не знали о его чувствах к Евгении Николаевне.

50

Найдите в тексте.

1. Описание костюма китайца.
2. Реакция Евгении Николаевны на слова молодого человека.

Выполните тест.

Выберите правильный вариант ответа к каждому из заданий и отметьте его в рабочей матрице. Проверьте себя по контрольной матрице. (Ответы смотрите в конце книги.)

Образец:

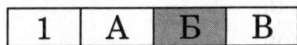

1. Действие рассказа происходит … .

   (А) весной

   (Б) осенью

   (В) зимой

2. Молодой человек — … .

   (А) студент

   (Б) рабочий

   (В) не имеет определённого занятия

3. Герой ждал встречи с девушкой … .

   (А) четверть часа

   (Б) полчаса

   (В) два часа

4. Влюблённость молодого человека длилась … .

   (А) день

   (Б) четыре дня

   (В) несколько часов

5. Герой собирался отмечать Рождество в костюме испанского дворянина, потому что … .

   (А) он лучше мог передать настроение молодого человека

   (Б) его возлюбленная была испанкой

   (В) другие костюмы ему не подошли

6. Герой отправился в гости в костюме китайца, так как ... .
   (А) это был единственный костюм, подошедший ему по размеру
   (Б) он отражал настроение молодого человека
   (В) других костюмов не было
7. Герою не понравилась маска, потому что она была ... .
   (А) слишком страшной
   (Б) чересчур весёлой
   (В) безэмоциональной
8. Девушка смеялась ... .
   (А) над маской молодого человека
   (Б) над чувствами главного героя
   (В) над поведением юноши
9. Реакция Евгении Николаевны на признание в любви молодого человека ... .
   (А) развеселила
   (Б) расстроила
   (В) разозлила
10. Карнавальный костюм молодой человек ... .
   (А) порвал
   (Б) оставил себе
   (В) вернул в костюмерную

Рабочая матрица

1	А	Б	В
2	А	Б	В
3	А	Б	В
4	А	Б	В
5	А	Б	В
6	А	Б	В
7	А	Б	В
8	А	Б	В
9	А	Б	В
10	А	Б	В

Лексико-грамматические задания

1. Выберите правильный вариант употребления падежной формы, неправильный вариант зачеркните.

Образец: Они благодарили ~~мной~~ / **меня** и считали количество наличных денег.

1. Без двух минут семь **мной** / **мне** сделалось холодно.

2. Вероятно, очень это был длинный дворянин, потому что в его платье я скрылся весь без остатка и почувствовал себя уже совершенно **одинокий** / **одиноким**, как в большом и безлюдном зале.

3. К сожалению, бандит, с которого дали мне платье, едва ли достиг **совершеннолетие** / **совершеннолетия**.

4. И, когда нас набралось десять весело прыгающих чертей, мы поехали в парикмахерскую, — она же костюмерная, — и наполнили её **холода** / **холодом, молодости** / **молодостью** и **смеха** / **смехом**.

5. **Такого смеха** / **Таким смехом** я ещё не слышал!

2. Выберите глагол несовершенного или совершенного вида, неправильный вариант зачеркните.

Образец: Наконец меня ~~оставляли~~ / **оставили** в покое.

1. Ровно в семь я **убеждался** / **убедился**, что она не придёт.

2. По шаркающей походке и согнутой спине меня можно было **принимать** / **принять** за ещё бодрого старика, возвращающегося из гостей в богадельню.

3. И, когда нас **набиралось** / **набралось** десять весело прыгающих чертей, мы поехали в парикмахерскую, — она же костюмерная, — и наполнили её холодом, молодостью и смехом.

4. Ни в каком случае не **снимать** / **снять** масок, — переговаривались товарищи по дороге.

5. Весь путь меня **окружал / окружил** хохот, и я не мог вырваться из этого кольца безумного веселья.

3. Выберите правильный вариант употребления союза, союзного слова, неправильный вариант зачеркните.

Образец: Я чуть не плакал, но, **когда / ~~поэтому~~** я взглянул в зеркало, засмеялся и я.

1. Глаза мои по отношению к встречавшимся мужчинам выражали покровительство, по отношению к женщинам — вызов и ласку: **так как / хотя** уже четыре дня я любил одну только её.

2. И, **если / когда** она затихла, я продолжал шёпотом говорить о своей любви.

3. И никогда я не говорил так хорошо, **поэтому / потому что** никогда не любил так сильно.

4. О, **поскольку / если бы** мне хоть на минуту дали человеческое лицо!

5. Вероятно, очень это был длинный дворянин, **когда / потому что** в его платье я скрылся весь без остатка и почувствовал себя уже совершенно одиноким, как в большом и безлюдном зале.

4. Заполните пропуски в тексте. Используйте слова для справок.

О, если бы мне хоть на минуту дали человеческое лицо! Я … губы, слёзы … по моему разгорячённому лицу, а она, эта идиотская физиономия, в которой всё было правильно, нос, глаза и губы, … с ужасным равнодушием. И когда, ковыляя на своих цветных ногах, я уходил, я долго ещё … этот звонкий смех: как будто с громадной высоты … серебристая струйка воды и с весёлым пением разбивалась о твёрдую скалу.

Слова для справок: кусать, падать, слышать, смотреть, течь.

5. Вставьте в предложения пропущенные сравнения. Используйте слова для справок.

1. Паж не годился — был весь в пятнах, ...

2. Промолчу я и о розовом лоскуте, который покрывал мою голову в виде парика и привязывался нитками к ушам, отчего последние приподнялись и стали, ...

3. Тогда я тоже начинал кричать, петь, плясать, и весь мир кружился в моих глазах, ...

4. Густые ресницы медленно и с удивлением приподнялись — и смех, звонкий, весёлый, яркий, ..., смех ответил мне.

5. Она была одета богиней ночи и, вся загадочная, одетая в чёрное кружево, сверкающая бриллиантами звёзд, была красива, ...

Слова для справок: как весеннее солнце, как забытый сон далёкого детства, как пьяный, как тигр, как у летучей мыши.

6. Выберите правильный вариант употребления предлогов, неправильный вариант зачеркните.

Образец: Пальто моё было застёгнуто на один верхний крючок и раздувалось **от холодного ветра / с** ~~холодным ветром~~.

1. Пальто было застёгнуто на все пуговицы, воротник поднят, и фуражка надвинута на посиневший нос; волосы на висках, усы и ресницы белели от инея, и зубы слегка постукивали **друг о друга / друг с другом**.

2. Товарищи мои катались **от смеха / для смеха** по диванам, бессильно падали на стулья и махали руками.

3. Она повернулась **для меня / ко мне** — и жестоко засмеялась.

4. Но я был так молод, что остаться совершенно равнодушным **к другим женщинам / с другими женщинами** я не мог.

55

5. Сдвигая брови, стискивая от боли зубы, с похолодевшим лицом я взглянул **в зеркало / на зеркало**, — на меня смотрела идиотски-спокойная, равнодушная, нечеловечески неподвижная физиономия.

7. Подберите синонимы к словам.

Образец: Смешной = забавный

Бодрый = ...

Душистый = ...

Мрачный = ...

Огромный = ...

Оригинальный = ...

Пёстрый = ...

Слова для справок: колоссальный, необыкновенный, жизнерадостный, разноцветный, ароматный, печальный.

8. Подберите антонимы к словам.

Образец: Весёлый ≠ грустный

Спокойный ≠ ...

Густой ≠ ...

Жёсткий ≠ ...

Звонкий ≠ ...

Матовый ≠ ...

Пьяный ≠ ...

Равнодушный ≠ ...

Яркий ≠ ...

Слова для справок: редкий, трезвый, тусклый, тревожный, блестящий, мягкий, глухой, отзывчивый.

9. Запишите, от каких слов образованы данные существительные.

Образец: Злость — злой

Молодость — ...

Нежность — ...

Неуверенность — ...

Ревность — ...

10. Подберите и запишите однокоренные слова.

Образец: Отчаяние — отчаиваться

Веселье — ...

Доверие — ...

Любовь — ...

Смех — ...

Тоска — ...

Холод — ...

11. Прочитайте план текста и продолжите его. Перескажите рассказ по плану.

1. Молодой человек пришёл на встречу со своей возлюбленной.

2. Юноша ждал девушку почти два часа, но она так и не пришла.

3. Юноша вернулся к себе и тут узнал от товарища о вечеринке, на которой будет его возлюбленная.

4. ...

5. ...

6. ...

12. Расскажите эту историю от лица Евгении Николаевны; от лица товарищей главного героя.

13. Давайте обсудим.

1. Как вы думаете, почему рассказ называется «Смех»? Удачное ли это название? Какое название рассказу дали бы вы?

2. Как вы считаете, почему части рассказа пронумерованы?

3. Зачем, на ваш взгляд, автору понадобилось акцентировать внимание читателя на крючке и пуговицах пальто главного героя?

4. Дайте оценку поведению Евгении Николаевны.

5. Зачем молодой человек порвал свой костюм?

6. Какие чувства у вас вызывает главный герой?

Цветок под ногою

Проверьте, как вы поняли текст

Ответьте на вопросы.

1. Как зовут главного героя рассказа, какого он возраста?

2. Из чего состоит мир Юры?

3. Какими видел своих родителей Юра?

4. Что беспокоило Юру, когда в их дом приходили посторонние мужчины?

5. Какую тайну родителей знал и скрывал Юра?

6. Как готовились к именинам матери Юры?

7. Что Юра думал о гостях?

8. Почему офицера Юрия Михайловича мальчик называл ненастоящим?

9. Зачем Юре надо было обязательно попасть в беседку?

10. Как вёл себя Юра после того, как стал свидетелем разговора мамы с Юрием Михайловичем?

11. Кто укладывал Юру спать?

Отметьте предложения, где написана правда → П̄, а где написана неправда → Н̄.

1. ☐ Жизнь для Юры — непрерывное чудо.

2. ☐ В доме Пушкарёвых все заняты приготовлениями к именинам матери Юры.

3. ☐ Родители в восприятии Юры большие и умные.

Найдите в тексте.

1. Мнение Юры о родителях.

2. Юра подслушивает разговор мамы и Юрия Михайловича.

3. Тайны Юры.

Выполните тест.

Выберите правильный вариант ответа к каждому из заданий и отметьте его в рабочей матрице. Проверьте себя по контрольной матрице. (Ответы смотрите в конце книги.)

Образец:

1. Повествование ведётся от лица ... .
   (А) рассказчика
   (Б) мальчика
   (В) мамы мальчика

2. Юрию Михайловичу Пушкарёву было ... .
   (А) 6 лет
   (Б) 16 лет
   (В) 26 лет

3. Юра считал взрослых ... .
   (А) загадочными
   (Б) глупыми
   (В) умными

4. Юра воспринимал окружающий мир как ... .
   (А) огромное пространство
   (Б) интересный сон
   (В) страшную сказку

5. В посторонних мужчинах, приходивших в дом Пушкарёвых, Юра видел угрозу ... .
   (А) маме
   (Б) папе
   (В) семье

6. Своим поведением на вечеринке Юра пытался защитить ... .
   (А) себя
   (Б) мать
   (В) отца
7. В течение всего дня у Юры преобладало чувство ... .
   (А) радости
   (Б) тревоги
   (В) тоски
8. Юра стал свидетелем ... .
   (А) секрета няни
   (Б) преступления отца
   (В) безрассудства матери
9. Юра сравнивал отца с ... .
   (А) бравым офицером
   (Б) литературным героем
   (В) могучим волшебником
10. Цветок на дороге — это метафора ... .
   (А) об отношении родителей к Юре
   (Б) о чувствах матери к Юре
   (В) об отношениях родителей Юры друг к другу

Рабочая матрица

1	А	Б	В
2	А	Б	В
3	А	Б	В
4	А	Б	В
5	А	Б	В
6	А	Б	В
7	А	Б	В
8	А	Б	В
9	А	Б	В
10	А	Б	В

Лексико-грамматические задания

1. Выберите правильный вариант употребления падежной формы, неправильный вариант зачеркните.

Образец: И вдруг ~~Юра~~ / Юре стало грустно.

1. И всё было для него огромно: заборы, деревья, собаки и люди, но это нисколько не удивляло и не пугало **ему / его**, а только делало всё особенно интересным, превращало жизнь в непрерывное чудо.

2. Людей он знал много, огромных и маленьких, но лучше знал и ценил **маленьких / маленькими**, с которыми можно говорить обо всём.

3. Наверное, они были очень **хорошим людям / хорошими людьми**, иначе не могли бы быть отцом и мамой.

4. Во всех этих случаях с подозрительными мужчинами Юра, хотя и смутно, но очень сильно чувствует одно: что каким-то образом он заменяет собою **отсутствующий отец / отсутствующего отца**.

5. Поругался с няней и лёг на кровать лицом вниз, чтобы отомстить **её / ей**, но сразу заснул.

2. Выберите глагол несовершенного или совершенного вида, неправильный вариант зачеркните.

Образец: Всё пришло в движение; и события начали **происходить** / ~~произойти~~ с такой скоростью, что невозможно было за ними поспеть.

1. Евмен только посмотрел на Юру, а Юра вдруг как бы впервые **замечал / заметил** его широкую чёрную бороду и подумал, что Евмен очень достойный человек.

2. Пока няня поила Юру чаем, в саду уже начали протягивать проволоку для фонариков, а пока в саду протягивали проволоку, в гостиной переставили всю мебель, а пока в гостиной **переставляли / переставили** мебель, кучер Евмен уже на лошади выехал со двора с какой-то особенной таинственной, праздничной целью.

3. Юра обиделся, а отец начал **щекотать / пощекотать** его под мышками, так что пришлось рассмеяться, а потом отец взял его, как поросёнка, за ноги и понёс на террасу.

4. Юра вместе с отцом стал **развешивать / развесить** фонарики.

5. Когда Юра вошёл в комнату, где играли в карты, важный лысый старик за что-то ругал отца, и говорил, и кричал, что отец сделал что-то не так, что так нельзя **делать / сделать**, что так делают только нехорошие люди, что это нехорошо, что старик с ним больше играть не будет.

6. Помнил одно слово: «мама», и постоянно шептал его сухими губами, но оно звучало так страшно, страшнее всего. И, чтобы не **кричать / крикнуть** его нечаянно, Юра зажал себе рот обеими руками, одна на другую; и так оставался до тех пор, пока офицер и мама не вышли из беседки.

7. Но сквозь слёзы он поглядывал на отца: не догадывается ли он, а когда вошла мать, стал **кричать / закричать** ещё громче, чтобы отвлечь подозрения.

8. Как не стыдно, — засмеялась мать, и от этого смеха Юре стало ещё неприятнее, тем более что отец не засмеялся, а продолжал **сохранять / сохранить** всё тот же серьёзный и печальный вид Гулливера, тоскующего о родной стране.

3. Выберите правильный вариант употребления глаголов движения с приставками, неправильный вариант зачеркните.

Образец: Он хорошо знал небо, его глубокую дневную синеву и белые облака, которые **проплывают / ~~приплывают~~** тихо: часто следил за ними, лёжа на спине среди травы или на крыше.

И тут началось для Юры самое радостное, — началась сказка. Люди, и праздник, и фонарики остались на земле, а он **улетел / облетел** и растаял в ночи, и стал невидимкой. Хотя мог **войти / перейти** на кухню, как и все, — вместо этого он стал подглядывать в кухонное окно: там что-то жарили и не знали, что он на них смотрит, —

а он всё видит. Потом **подошёл / пошёл** и подглядел папину и мамину спальню: в спальне было пусто, но горела лампадка — это он подглядел. Потом подглядел в детской свою собственную кровать. Через комнату, где играли в карты, он **прошёл / дошёл**, как невидимка, ступая так легко, будто летел по воздуху. В саду, в темноте, стал **приходить / подходить** к разговаривающим так близко, что мог коснуться их рукой, а они даже не знали, что он тут, и разговаривали спокойно.

4. Выберите правильный вариант употребления союза, союзного слова, неправильный вариант зачеркните.

Образец: Поругался с няней и лёг на кровать лицом вниз, ~~что~~ / **чтобы** отомстить ей, но сразу заснул.

1. Конечно, он никому об этом не говорит, **так как / когда** никто его не поймёт, но в том, как он ласкается к явившемуся отцу и садится к нему на колени, чувствуется человек, до конца выполнивший свой долг.

2. И уже есть у него одна страшная тайна: он заметил, **что / чтобы** эти необыкновенные и очаровательные люди, отец и мама, бывают очень несчастны и скрывают это ото всех.

3. И **если / тогда** при отце неприятно плакать, а капризничать даже опасно, то с нею слёзы приобретают необыкновенно приятный вкус и наполняют душу такою светлой грустью, какой нет ни в игре, ни в смехе, ни даже в чтении самых страшных сказок.

4. Нужно добавить, что мама необыкновенная красавица, и в неё все влюблены; это и хорошо, **потому что / чтобы** чувствуешь гордость, но это и немножко плохо: её могут отнять.

5. Юра хотел встать, **что / чтобы** войти в беседку и оттуда начать новую жизнь, с незаметным переходом от старой, как вдруг услышал в беседке голоса.

5. Заполните пропуски в тексте. Используйте слова для справок.

Из души … нити ко всему, к солнцу, к тем прекрасным и загадочным видам с высоты железной крыши. Когда сильно и душисто … трава, то казалось, что это он сам пахнет так хорошо, а когда он … в постель, то, как это ни странно, в маленькую постель вместе с ним ложились большой двор, улица, лужи и весь огромный, живой, неизвестный мир. Так всё вместе с ним и засыпало, так и просыпалось вместе и вместе с ним … глаза. И был один удивительный факт: если с вечера он … палку где-нибудь в саду, то утром она оказывалась там же; и спрятанные в ящике, в сарае камешки оставались такими же, хотя с тех пор было темно и он … к себе в детскую. Отсюда появилась естественная потребность всё самое ценное … под подушку: раз оно само стояло и лежало, так могло само и уйти. И вообще было удивительно и очень приятно, что и няня, и дом, и солнце существуют не только вчера, но и каждый день; и от этого, проснувшись, хотелось … и громко петь.

Слова для справок: втыкать, ложиться, открывать, пахнуть, прятать, смеяться, тянуться, уходить.

6. Выберите правильный вариант употребления глаголов с приставками, неправильный вариант зачеркните.

Образец: Оказалось, что везде он опоздал: он хотел видеть, как начнут **заставлять** / **расставлять** столы для карточной игры, а столы уже были готовы, и за ними давно играли.

1. Юра вскочил, а отец так и остался лежать на траве, положив руки под голову и **вглядываясь** / **заглядываясь** в бездонную синеву неба.

2. Потом пошёл и **поглядел** / **подглядел** папину и мамину спальню: в спальне было пусто, но горела лампадка — это он подглядел.

3. Но сквозь слёзы он **поглядывал** / **выглядывал** на отца: не догадывается ли он, а когда вошла мать, стал кричать ещё громче, чтобы отвлечь подозрения.

4. И если при отце неприятно плакать, а капризничать даже опасно, то с нею слёзы приобретают необыкновенно приятный вкус и **пополняют / наполняют** душу такою светлой грустью, какой нет ни в игре, ни в смехе, ни даже в чтении самых страшных сказок.

5. Пока их не было, не было и ночи, а теперь она **заполнила / выполнила** весь сад, и дом, и небо.

6. Конечно, он никому об этом не говорит, так как никто его не поймёт, но в том, как он ласкается к явившемуся отцу и садится к нему на колени, чувствуется человек, до конца **пополнивший / выполнивший** свой долг.

7. И так было обидно, что глупый Митенька, вместо того чтобы всегда носить саблю с собой, **поставил / подставил** её в передней, в угол, как палку.

8. Пока няня поила Юру чаем, в саду уже начали протягивать проволоку для фонариков, а пока в саду протягивали проволоку, в гостиной **переставили / наставили** всю мебель.

7. Выберите правильный вариант употребления предлогов, неправильный вариант зачеркните.

Образец: Пробовал он приносить **с собой / ~~у себя~~** книжку или садился рисовать, но и это не всегда помогало.

1. Он хорошо знал небо, его глубокую дневную синеву и белые облака, которые проплывают тихо: часто следил **у них / за ними**, лёжа на спине среди травы или на крыше.

2. Нужно добавить, что мама необыкновенная красавица, и **в неё / с ней** все влюблены; это и хорошо, потому что чувствуешь гордость, но это и немножко плохо: её могут отнять.

3. И каждый раз, когда какой-нибудь мужчина долго смотрит **на маму / в маму**, — становится скучно и неспокойно.

4. Впрочем, когда он ложится **под постель / в постель**, появлялось чувство спокойствия и казалось, что всё уже кончилось: огни погашены, жизнь приостановилась, всё засыпает, и подозрительный гость также уснул или ушёл совсем.

5. Всё пришло в движение; и события начали происходить с такой скоростью, что невозможно было **с ними / за ними** поспеть.

8. Подберите синонимы к словам.

Образец: Незаметный = неприметный

Важный = ...

Гневный = ...

Грязный = ...

Женский = ...

Загадочный = ...

Необыкновенный = ...

Слова для справок: дамский, значительный, испачканный, невиданный, недовольный, таинственный.

9. Подберите антонимы к словам.

Образец: Смеяться ≠ плакать

Забыть ≠ ...

Ложиться ≠ ...

Раздеть ≠ ...

Ронять ≠ ...

Ругаться ≠ ...

Скрывать ≠ ...

Слова для справок: запомнить, вставать, мириться, одеть, поднимать, раскрывать.

10. Подберите и запишите однокоренные слова.

Образец: Гневный — гнев

Детский — ...

Подозрительный — ...
Сообразительный — ...

11. Прочитайте план текста и продолжите его. Перескажите рассказ по плану.

1. Мальчику Юре Пушкарёву шесть лет, и мир для него кажется огромным пространством с его голубым небом, облаками, богатством двора.

2. У Юры есть тайна: он замечает, что родители бывают несчастны и скрывают это ото всех, значит, и он должен сохранить увиденное в тайне.

3. Он любит родителей, но становится свидетелем безрассудного поведения матери.

4. ...

5. ...

6. ...

12. Расскажите эту историю от лица Михаила Пушкарёва; от лица мамы Юры.

13. Давайте обсудим.

1. Проследите по тексту, как меняется настроение Юры в течение дня.

2. Как вы считаете, почему Юра сравнивает папу с Гулливером?

3. Оцените поведение матери Юры. Осуждаете ли вы её?

4. Выскажите предположения, почему плакала мама, укладываю Юру спать.

5. Как вы думаете, почему автор всегда называет героя по имени и не использует такие слова, как мальчик, малыш?

6. Что акцентируется в названии рассказа?

7. Как вы понимаете выражение: дети — цветы жизни?

Два письма

Проверьте, как вы поняли текст

Ответьте на вопросы.

1. Какого пола и возраста герои рассказа?
2. Чем занимался герой?
3. О чём сообщал герой в своём письме?
4. О чём писала в своём ответе мужчине героиня рассказа?

Отметьте предложения, где написана правда → $\boxed{П}$, а где написана неправда → $\boxed{Н}$.

1. ☐ Главный герой — известный художник.

2. ☐ Мужчина презирает девушку М. и в тайне уезжает от неё.

3. ☐ Девушка М. везде ищет возлюбленного и следует за ним.

Найдите в тексте.

1. Способы ухода от действительности в юности, описанные художником.

2. Поднятие на гору в восприятии обоих героев рассказа.

Выполните тест.

Выберите правильный вариант ответа к каждому из заданий и отметьте его в рабочей матрице. Проверьте себя по контрольной матрице. (Ответы смотрите в конце книги.)

Образец:

1	А	Б	В

1. Текст рассказа представляет собой переписку между ... .
   - (А) влюблёнными мужчиной и женщиной
   - (Б) художником и его поклонницей
   - (В) братом и сестрой

2. Героиня рассказа с адресатом письма ... .
   (А) одного возраста
   (Б) младше его
   (В) старше его
3. Герой не открыл дверь М., так как ... .
   (А) боялся объяснения в любви
   (Б) устал и никого не хотел видеть
   (В) презирал девушку
4. Свои первые работы мастер ... .
   (А) продавал очень дорого
   (Б) оставил себе
   (В) менял на дрова
5. Главный герой рассказа ... .
   (А) имел звание и был широко известным художником
   (Б) был малоизвестным художником
   (В) был никому не известным художником
6. Герой написал письмо М., потому что ... .
   (А) не смог встретиться с ней и поговорить лично
   (Б) опаздывал на ранний поезд
   (В) не хотел с ней встречаться
7. В письме девушка сообщала о том, что ... .
   (А) больше не хочет знать мужчину
   (Б) любит и ждёт мужчину
   (В) убьёт мужчину при встрече
8. Основное настроение письма девушки — ... .
   (А) ненависть
   (Б) раздражение
   (В) сожаление

Рабочая матрица

1	А	Б	В
2	А	Б	В
3	А	Б	В
4	А	Б	В

5	А	Б	В
6	А	Б	В
7	А	Б	В
8	А	Б	В

Лексико-грамматические задания

1. Выберите правильный вариант употребления падежной формы, неправильный вариант зачеркните.

Образец: Шесть лет я добивался её ~~любовь~~ / любви.

1. Молодо ваше сердце, молод смех и молоды слёзы, и я не могу вас жалеть, не упрекайте **мной / меня**.

2. У одной молодой дамы, подобной **вам / вас**, я видел письмо, подобное **моему / моего**, и на письме были следы её слёз.

3. Я мало рассказывал вам о моём прошлом, да и сейчас не стану тревожить **ему / его**: там много мёртвых, а к мёртвым я начинаю чувствовать симпатию, и покой их мне кажется достойным **уважения / уважению**.

4. Только усталые так равнодушны **с молодыми слезами / к молодым слезам**, к целому году красивого молодого траура; только у них так тяжела холодная рука.

5. Или я сама поеду тогда к вам, это будет спокойнее, я измучаюсь, милый, пожалейте **меня / мной**!

2. Выберите глагол несовершенного или совершенного вида, неправильный вариант зачеркните.

Образец: Пришлите телеграмму, как только ~~получаете~~ / **получите** моё письмо, я буду ждать.

1. Устало (моё сердце) каждым биением своим, как старые часы на башне, по которым слишком долго **узнавали / узнали** время.

2. Вы заметили, что в начале каждого нашего вечера говорите вы, а я молчу, к концу же я болтаю, как в дурной пьесе, а вы **молчите / замолчите**, растерянная, немая, печальная.

3. Я уже **решал / решил**, что нет такой, какая мне нужна, и вдруг открылась дверь... много раз открывалась она, как самая обыкновенная дверь, и что же с ней случилось в этот раз?

4. Я не хочу, чтобы слишком поздно, и я каждый день буду посылать в разные города по письму... ведь достаточно одного, чтобы вы **возвращались / вернулись**, не правда ли, милый?

5. А вдруг, когда вы **получаете / получите** письмо и захотите вернуться и уже будете ехать, произойдёт крушение...

3. Выберите правильный вариант употребления глаголов движения с приставками, неправильный вариант зачеркните.

Образец: Она нашла меня и **приехала / наехала** на скором поезде, — она очень торопилась! — и две недели под прекрасным небом Италии совершалась нелепая комедия.

1. Потом, став прекрасной, вы **вышли / пришли** ко мне, просто открылась дверь однажды, и в ней появились вы, ставшая прекрасной.

2. Если бы я знала, что вы можете так сделать, я не **пришла / отошла** бы от вашей двери и сторожила бы вас день и ночь.

3. Нет, плакать на письмо я не стану, как ваша молодая особа, и чашку кофе поверх слёз не поставлю, а вот если бы я могла быть пулей, я настигла бы вас и **вошла / вышла** бы в самое ваше сердце.

4. Может быть, пройдёт на чужой земле ваша усталость, и вдруг вам захочется какого-нибудь письма, на всякий случай, **подойти / зайти** на почту — и вдруг моё!

5. Я верю, что моё письмо вовремя **догонит / загонит** вас, но вдруг почему-то окажется поздно... это может оказаться, я не знаю?

6. Всё **приходит / заходит** слишком поздно, и мои милые пряники были только звонком к началу этого дурацкого спектакля.

7. Вы сразу же **уходите / заходите** от двери или ещё стоите?

8. Мой поезд **отходит / выходит** только утром, чемоданы упакованы и ящик с красками далеко, и мне нечего делать всю ночь.

9. Вы неожиданно **уехали / отъехали**, не поговорив со мной, и даже не оставили адреса, куда писать.

10. Во-первых, тогда, на бугре, я прекрасно заметила, что вам трудно **взбегать / сбегать** на гору, и нарочно шла медленнее, чтобы вы не торопились, а вы всё-таки бежали.

4. Выберите правильный вариант употребления союза, союзного слова, неправильный вариант зачеркните.

Образец: Теперь вы верите, ~~если~~ / **что** я устал?

1. У вас такая улыбка, про которую вы сами не знаете, **поэтому / потому что** перед зеркалом такая улыбка получиться не может, и вот когда вы так улыбнулись, для меня сразу кончилась вся прежняя жизнь.

2. Послушайте, **когда / если** я был мальчиком лет семи или восьми, я очень любил мятные дешёвые пряники, продававшиеся на нашей улице, в маленькой лавочке; и на копейку их давали две штучки.

3. **Так как / Если** жизнь ваша так несчастна, что всё в ней приходит слишком поздно, то с этим надо бороться, а не делать самому так, чтобы и для других было слишком поздно.

4. Я устал, чемоданы мои собраны для дальнего пути, и я расстаюсь с вами навсегда, и **потому что / поэтому** я так зол и несправедлив.

5. Вы слишком молоды, **что / чтобы** я вас жалел.

5. Заполните пропуски в тексте. Используйте слова для справок.

1. Теперь вы верите, что я устал? Только усталые так равнодушны к молодым слезам, к целому году красивого молодого траура; только у них так тяжела холодная рука. Да, я устал. Вчера, когда вы … в мою дверь, я был дома,

один, в темноте, и не спал. И я ... ваш голос и шуршание вашего милого платья... Я почти слышал печальный и испуганный стук вашего сердца. Но я не встал и не ... вам. Это усталость всей жизни. Будто сразу навалились на меня все прожитые годы, будто за один час я сделал все мои шаги, которыми ... по земле, ... все мои картины, ... все печали и радости моей бурной жизни. Сердце не хочет ..., вы понимаете, дорогая? Устало каждым биением своим, как старые часы на башне, по которым слишком долго узнавали время.

Слова для справок: биться, испытать, написать, открыть, слышать, стучаться, шагать.

2. Я устал, чемоданы мои собраны для дальнего пути, и я ... с вами навсегда, и поэтому я так зол и несправедлив. Но одно я всё же не могу не поставить ей в упрёк: зачем она так ... цену моих картин. Вы понимаете это: у меня много денег, но я беден для того, чтобы ... собственные картины... так они дороги и доступны только богачам! И особенно те первые, которые я ... за дрова для железной печки в моей ледяной мастерской.

Слова для справок: купить, поднять, продавать, расставаться.

6. Выберите правильный вариант употребления глаголов с приставками, неправильный вариант зачеркните.

Образец: Моё имя — ложь, и я не **подписываю / ~~описываю~~** его.

1. Вы **подумайте / задумайте**, моя дорогая, она сумела опоздать на целых шесть лет!

2. И прежде, написав такое, я, вероятно, заплакал бы или пошёл искать яд, а сейчас... сейчас я посмотрел на часы и глубоко **вдумался / задумался** о том, успею ли я позавтракать перед отъездом: мне весь день бывает нехорошо, если с утра я не поем.

3. Правда, немного и боялась, но ещё больше мне хотелось смотреть, как вы улыбаетесь, и я всё **думала / подумала**, что успею.

4. Я сейчас опять **вычитала / перечитала** ваше письмо, и это ужасно, что вы пишете о вашей усталости, о вашем отчаянии.

5. Сегодня я уже двигаюсь, и глаза мои желают смотреть, **пересматривают / подсматривают** красоту облаков, а рука уже тянется к кистям, и натянутый холст кажется соблазнительным.

6. И не знаю я, почему у меня никогда не хватало копеек, чтобы **объесться / наесться** досыта: родители мои были в то время не бедны и ни в чём другом я не терпел недостатка, но на эти пряники у меня всегда не хватало денег.

7. Подберите синонимы к словам.

Образец: Любить = обожать

Закончить = …

Гневаться = …

Плакать = …

Торопиться = …

Сторожить = …

Настигнуть = …

Слова для справок: догнать, завершить, охранять, рыдать, сердиться, спешить.

8. Подберите антонимы к словам.

Образец: Старый ≠ молодой

Жестокий ≠ …

Легкомысленный ≠ …

Мёртвый ≠ …

Напрасный ≠ …

Недогадливый ≠ …

Первый ≠ …

Поздний ≠ ...

Сегодняшний ≠ ...

Сладкий ≠ ...

Чёрный ≠ ...

Чудесный ≠ ...

Чужой ≠ ...

Слова для справок: живой, вчерашний, добрый, кислый, обычный, полезный, последний, родной, серьёзный, сообразительный, ранний, белый.

9. Подберите и запишите однокоренные слова.

Образец: Старость — старец, стареть, старый.

Глупость — ...

Смерть — ...

Молодость — ...

Усталость — ...

10. Прочитайте план текста и продолжите его. Перескажите рассказ по плану.

1. Между молодой женщиной М. и известным художником в летах возникла любовь.

2. Девушку не смущает разница в возрасте, она влюблена и ждёт объяснения с мужчиной.

3. Мужчина считает их любовь невозможной, он уезжает, оставив М. письмо.

4. ...

5. ...

6. ...

11. Расскажите историю о любви девушки М. к пожилому художнику, используя синонимы к слову *любить.* Используйте слова для справок.

Слова для справок: боготворить, быть без ума от (кого?), вздыхать по (кому?), влюбиться в (кого?), любить без памяти, обожать.

12. Давайте обсудим.

1. Выскажите предположения о будущем в отношениях героев рассказа.

2. Посмотрите экранизацию рассказа «Два письма». Оцените работу режиссёра и актёров.

3. Какую разницу в возрасте между мужчиной и женщиной вы считаете большой? Что вы думаете о большой разнице в возрасте возлюбленных?

Контрольная матрица

Смех

1	А	Б	**В**
2	**А**	Б	В
3	А	Б	**В**
4	А	**Б**	В
5	**А**	Б	В
6	**А**	Б	В
7	А	Б	**В**
8	**А**	Б	В
9	А	**Б**	В
10	**А**	Б	В

Цветок под ногою

1	**А**	Б	В
2	**А**	Б	В
3	А	**Б**	В
4	**А**	Б	В
5	А	Б	**В**
6	А	Б	**В**
7	А	**Б**	В
8	А	Б	**В**
9	А	**Б**	В
10	**А**	Б	В

Два письма

1	**А**	Б	В
2	А	**Б**	В
3	**А**	Б	В
4	А	Б	**В**
5	**А**	Б	В
6	А	Б	**В**
7	А	**Б**	В
8	А	Б	**В**

Учебное издание

Андреев Леонид Николаевич

ДВА ПИСЬМА

Книга для чтения с заданиями
для изучающих русский язык как иностранный

Редактор *Н.А. Еремина*
Корректор *О.Ч. Кохановская*
Вёрстка *А.В. Лучанская*

Подписано в печать 22.08.2017. Формат 60×90/16
Объем 5 п.л. Тираж 500 экз. Зак. № 891

Издательство ООО «Русский язык». Курсы
125047, Москва, 1-я Тверская-Ямская ул., д. 18
Тел./факс: +7(499) 251-08-45, тел.: +7(499) 250-48-68
e-mail: russky_yazyk@mail.ru; rkursy@gmail.com; ruskursy@gmail.com
www.rus-lang.ru

Отпечатано в полном соответствии с качеством
предоставленного электронного оригинал-макета
в АО «Областная типография «Печатный двор»
432049, г. Ульяновск, ул. Пушкарёва, 27.

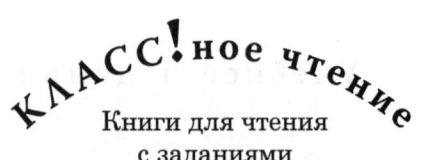

КЛАСС!ное чтение

Книги для чтения
с заданиями
для изучающих русский язык как иностранный

В серии «Класс!ное чтение» вышли книги: